ホワイトハッカーの学校

～サイバー攻撃の取扱説明書～

村島正浩　著

JN117286

まえがき

筆者は『ハッカーの学校　ハッキング実験室』で執筆の機会をいただき『ハッカーの学校　IoTハッキングの教科書』『ハッカーの技術書』など、ハッキングを実際に行いたい初学者が「手を動かす」エンジニアを対象にした書籍のみをこれまで執筆してきました。

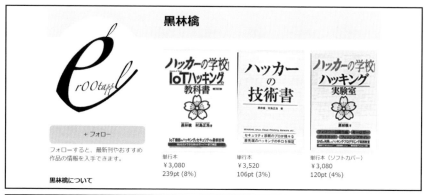

今まで執筆した書籍一覧

引用元 https://www.amazon.co.jp/黒林檎/e/B09FGHCNVK/

　脆弱性診断やペネトレーションテストを受ける企業は、決まった予算のなかで有益なセキュリティ対策を行う必要がありますが、日本国内において脆弱性診断のアプローチとペネトレーションテストのアプローチに乖離があり適切なアプローチに進まないケースが存在すると考えます。

　とくにこれは国内と国外の「ペネトレーションテスト」に関する考え方の違いによるところもあります。

　国外のペネトレーションテストは評価対象の脆弱性をより多く見つけることを指すケースがあり、保護したい資産に焦点を絞って標的型攻撃のようなアプローチを行うのは高度なペネトレーションテストに分類されるケースがあります。

　つまり、国内において「ペネトレーションテスト」という用語で脆弱性診断

のようなテストだけを行うベンダとレッドチームテストを実施するベンダが存在するということです。

　筆者はその問題について深く言及するつもりはなく、脆弱性診断やペネトレーションテストの最終的な目標は適切なセキュリティ評価を行い、評価対象組織をよりセキュアにすることだと考えます。

　国内では複数のセキュリティ書籍が販売されていて、その気になれば初学者はMetasploitのような侵入ツールを使用したりOWASP ZAPを使用した各種脆弱性のテストが可能であり、そのような書籍はかなり増えてきました。

　しかし、脆弱性診断やペネトレーションテストのサービスであったり、サービスを受けたい組織が読むような書籍はあまり多くないという認識です。

　本書の目的は、セキュリティ対策製品を導入するベンダに入社した新入社員がサイバーセキュリティの概要を把握したり、社内の一人情シスとしてサイバーセキュリティの概要を知りたいような方を対象とします。
そのため、対象読者は以下のように定義します。

対象読者層

- ・サイバーセキュリティに関する初学者（新入社員/学生）
- ・セキュリティ診断を依頼する担当者の方
- ・セキュリティサービスを販売している営業担当者

対象外読者層

- ・技術を学びたい現役のセキュリティエンジニア

　対象読者を定義した理由は、筆者が執筆したことにより誤って「手を動かす」書籍であると思って購入することを避けるためです。

　しかし、部署異動などで組織内のセキュリティを担当しているエンジニアや新入社員がセキュリティエンジニアとして働きだしたような読者には有益な情報があると考えます。

　対象読者を筆者が定義しているため、いくつかのパターンを記載します。

・サイバーセキュリティに関する初学者（新入社員/学生）

本書は「手を動かす」書籍ではないことを理解してもらう必要があります。

本書は、サイバーセキュリティという概要を知ることに役立ち、サイバー攻撃のようなものがどのように起きるのか知ったあとに他の「手を動かす」セキュリティ書籍（※筆者の過去の執筆した書籍であれば『ハッカーの技術書』が近く、同出版社の『ペネトレーションテストの教科書』も近しい内容）を読むことでNmapのようなポートスキャンが偵察行為にあたり、サイバー攻撃でどのようなフェーズで行われるのか把握することができます。

そして将来、脆弱性診断やペネトレーションテストを行いたい場合の業務イメージと最低限の考え方を知ることができます。

・セキュリティ診断を依頼する担当者の方

もし、読者が脆弱性診断を発注したことがなく、近年の標的型攻撃による情報漏洩などを気にした経営層から社内ネットワークの脆弱性がないか確認を求められた場合は、「脆弱性診断とペネトレーションテストの違い」を読んでください。

脆弱性診断のメリットは項目的な評価が行われることのため、おそらく経営層への説明が容易です。

一方でペネトレーションテストは、脆弱性や運用不備を用いて保護すべき重要資産を取得できるかを検証することが目的であると考えます。

上記はテストスコープや目的がまったく異なっていることを示しています。

本書を読み進めた結果、自社で取り入れるべきアプローチはなにかを知るきっかけになるでしょう。

・セキュリティサービスを販売している営業担当者

セキュリティサービスを売る営業担当者は増えてきています。

日本企業以外でもアメリカでエンドポイントセキュリティ、脅威インテリジェンス、サイバー攻撃対応サービスを提供していた会社もアジア圏へのビジネス展開を進めています。

その結果、日本人の採用を進めているため、エンドポイントセキュリティ製品を売るためのアイディアなどが必要になるケースがありますし、それに伴ってエンドポイントセキュリティ導入後のペネトレーションテストも提案しなければならないケースがあるでしょう。

　もちろん、過去にセキュリティベンダに勤めていた経験者であれば問題ないですが、知識がない状態であれば顧客に提案する場合、難航するケースがあります。本書を読み進めることで、より本質に近いサイバーセキュリティに関する概要を知り、適切なサービス提案することができます。

現役のセキュリティエンジニア

　本書の目的としては、セキュリティ業界の知見が少ない読者に単語や雰囲気を理解してもらうことを目的に執筆しました。

　とくに本書で伝えたいことはペネトレーションテストの章の考え方で今後キャリアチェンジでペンテスターになりたい読者は考え方の参考として役立つと信じています。

　筆者としては、サイバーセキュリティの考え方において自由定義な部分が存在すると考えおり、本書では筆者が単独で記載していることからも筆者の思想が出てきます。

　例えば、TLPT（金融機関向けに実施されるペネトレーションテスト）の脅威インテリジェンスでもシナリオ作成でも完全なブラックボックスで行うケースと設計書など情報開示を受けて行うホワイトボックスのアプローチを取るケースが存在しています。

　顧客が望んでいる納品物であることを前提にどちらが正しいというものではないと考えますが、筆者はブラックボックスでの思想が強いことから本書でもそういった思想の偏りが存在します。

　そのため、本書を自社のセキュリティサービスへ活用するのであれば1つの情報源として活用して異なる考え方も調査することを推奨します。

2022年8月　著者　村島正浩

第1章　サイバーセキュリティについて

第2章　近年のサイバーセキュリティリスク

第3章　サイバーセキュリティに深く関連する組織や用語

第4章　脆弱性診断

第5章　ペネトレーションテスト

第6章　デジタルフォレンジックとインシデントレスポンス

第7章 セキュリティエンジニアの目指し方

1

サイバーセキュリティについて

サイバーセキュリティとはなにか

　サイバーセキュリティは、当たり前ですがサイバー領域に関するセキュリティを指します。

　サイバー領域に関するセキュリティ全般を指すので、マルウェアのような脅威はもちろんですが、サプライチェーン攻撃（流通のなかでセキュリティ対策が手薄な箇所に侵入して目的組織へ侵入する攻撃）のような大規模な脅威も含みます。

　サイバーセキュリティは、一般的な企業から防衛産業を担う企業から国家インフラまで対策レベルの違いはありますが、等しく脅威の被害に遭わないように各種対策を進めています。

　例えば、ウェブアプリケーションを公開しているサーバに対する脆弱性診断は日本国内でも一般的になっている印象があります。

　各種団体の啓蒙や各企業の努力結果だともいえますが、システム開発ベンダが脆弱性の確認をしなければならない判例がでたことが1つの理由とも考えられます。

　あるシステム開発ベンダが納品したECサイトにて、SQLインジェクションと呼ばれる脆弱性（任意のSQL文を実行できるような問題）が存在しており、攻撃者からのSQLインジェクション攻撃によってクレジットカード情報が漏洩した事件がありました。

　裁判では担当裁判官の心証や過失相殺を見込めない場合などで不利になるケースはありますが、独立行政法人情報処理推進機構（IPA）がSQLインジェクションの対策を行うことを注意喚起しており、同対策として、バインド機構の使用またはエスケープ処理を行うべきであるという注意喚起もされていたこ

とから当事者間において黙示的な合意があったとされ、さらにシステム開発の専門家であれば当日の技術水準に応じた対策が通常期待されるはずとされたためシステム開発ベンダ側が敗訴しました。

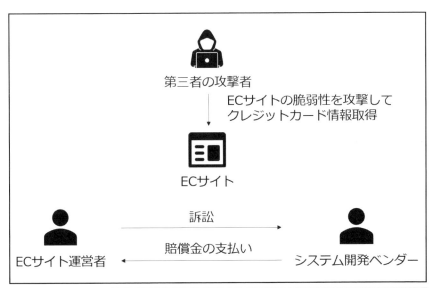

第三者の攻撃者

ECサイトの脆弱性を攻撃して
クレジットカード情報取得

ECサイト

訴訟

賠償金の支払い

ECサイト運営者　　　　　　　　　　システム開発ベンダー

自社インフラの紹介記事を活用した攻撃

このような事例が存在するため、新規開発されたシステムについては脆弱性診断を行うことが増えてきました。

一方で、社内ネットワークのような攻撃者が容易に直接攻撃できない環境においては、同じような興味や関心は持たれていなかったのが現実です。

近年では、ランサムウェアのような感染端末のファイルを暗号化するマルウェアや標的型攻撃による情報漏洩で一部の企業が社内ネットワークへのセキュリティ対策を懸念する契機となってきていましたが、それでもセキュリティ担当者が社内ネットワークへのペネトレーションテストを行うには、経営陣などへの説明やテストスコープの定義やベンダ選定などハードルが高い面がありました。

しかし、ランサムウェアの被害が深刻化していくなかで上場企業がランサム

ウェアの被害により決算情報を出せない事態に陥った事例があります。

　どのような対策（エンドポイントセキュリティの状態やアウトバウンド通信の制限や監視など）が行われていたかの情報はありませんが、BCP（事業継続計画）に関する記載で「PCへの不正侵入検知システムやウイルス対策ソフトの導入・適時の更新がされており、常にPCやサーバが最新状態で保たれる仕組みがあり、ファイアーウォールについては外部のマネージドサービス会社に業務を委託」とあるので、十分な対策と判断することはできませんが一般的な対策はされていたような状態だと推察します。

　これは上記の会社とは関係がない一般例ですが、端末に感染した初期段階で検知できなかった場合には社内ネットワークを探索され、過去に一度も社内ネットワークの評価をしたことがない、もしくは特定サーバに対して脆弱性診断程度しかしていない場合、容易に管理者権限（Active Directory構成の環境だとドメイン管理者アカウント）がとられてしまうケースがあります。

　ランサムウェアによる被害によって決算延期を発表した事例は日本国内企業の経営者では大きな問題と懸念されはじめ、社内ネットワークへの安全性を評価する動きが増えました。

　ここまで、ウェブアプリケーションとランサムウェアの事例とケースを解説してサイバーセキュリティへの対策が必要な理由を説明しました。

　結局、サイバーセキュリティとはなんなのでしょうか。

　サイバーセキュリティを1つの脅威として考え攻撃者側の目的で考えなければ、自身（例えば、読者）や自社の資産を守ることが目標になるのではないでしょうか。

　逆に、攻撃者が特定企業の資産や読者の資産を盗み出す場合どうするでしょうか、一般的には「脆弱性（情報セキュリティ上の欠陥）」というものを悪用します。

脆弱性とはなにか

　脆弱性とはソフトウェアなどの欠陥などを指します。

　脆弱性といっても複数の種類があり、オペレーションシステムで任意のコマンドが実行できる「OSコマンドインジェクション」と呼ばれる問題や一般ユーザが管理者ユーザになるような特権昇格（Privilege escalation）と呼ばれる脆弱性もあります。

　サイバーセキュリティにおいて、脆弱性だけがリスクなのでしょうか。
答えは「NO」で、電子媒体（SNSやメール）を経由して自社の社員が機微な情報を第三者に漏らすことによって組織が不利益を被ることもサイバーセキュリティリスクと考えるべきであると考えます。

　例えば、完全に社内情報を外部に持ち出せない仕組みを作っていたとして、特定の共有フォルダにある研究データを持ち出せるかということでテストを行ったときに業務でメールを使うためSMTP通信（※メールで使われるプロトコル）だけ緩和されていた場合、その緩和された設定を悪用して外部に持ち出せるか、持ち出されたとして発覚後にどのような情報が持ち出されたか確認することはできるかは評価すべきポイントです。

　筆者自身は、サイバーセキュリティで守らなければならない最終目標は脆弱性ではなく「保護すべき資産」だと考えます。

　脆弱性の存在は「保護すべき資産」を取得するための1つのアプローチに過ぎないのです。

　例えば、サイバーセキュリティの脅威として顧客情報の持ち出しがサイバーセキュリティリスクだと考えた場合、社員と攻撃者のアプローチは大きく変わらない場合があります。

　内部不正の観点として、社員は顧客データベースへのアクセス権限がある場合に、正規の権限で顧客データベースから情報を取得してUSBメディアなどで情報を持ち出しをすることが可能です。

　しかし、攻撃者は社員が顧客データベースにアクセスしているようなネットワークには直接いけないため、データベースへのアクセス権限を持つ社員端末に侵入するなどの必要性がありますが、侵入後は社員の権限で顧客データベースから顧客情報を持ち出すことが可能です。

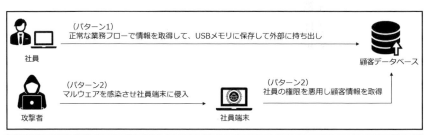

顧客データを盗み出す場合の内部不正と外部攻撃者の2パターン

　この2つのパターンは脆弱性のExploitコードを悪用するようなケースではなく運用面に関連した問題ですが、間違いなく会社は防ぎたい事象です。

　運用面に関連した問題とは、上記では社員端末においてUSBメモリの使用を禁止していないことや顧客データベースにアクセスできる社員が制限されていないか多くの社員がアクセス可能な状態になっているかなどです。

「顧客情報の持ち出し」を評価したい場合に、脆弱性管理のみに視野が狭まり顧客データベースへの脆弱性診断のみをした場合、上記2パターンのようなCVE（共通脆弱性識別子）に関連付けることが困難な設計や運用不備の問題を見逃してしまいます。

情報セキュリティと法的な責任について

　情報セキュリティ被害は金銭的な損失や社会的な信頼の損失につながりますが、企業が法的な管理義務のある情報の管理を疎かにしていたり、民法上の不法行為とみなされた場合は、刑事罰や損害賠償責任を負う可能性が以下のようにあります。

(1) 経営者などに問われる法的責任

　企業が個人情報などの法的な管理義務がある情報を適切に管理していなかった場合、経営者や役員、担当者は表 2 に示すような刑事罰その他の責任を問われることになります。
- 個人情報やマイナンバーに関する違反の場合は刑事罰が科されるおそれがあります。また、個人情報保護委員会*による立入検査を受ける責任もあります。
- 民法上の不法行為とみなされた場合は、経営者が個人として損害賠償責任を負う場合もあります。

【表 2】情報管理が不適切な場合の処罰など

法令	条項	処罰など
個人情報保護法 個人情報の保護に関する法律	40条 報告及び立入検査	委員会による立入検査、帳簿書類等の物件検査及び質問
	83条 個人情報データベース等不正提供罪*	1年以下の懲役又は50万円以下の罰金
	84条 委員会からの命令に違反	6月以下の懲役又は30万円以下の罰金
	85条 委員会への虚偽の報告など	30万円以下の罰金
	87条 両罰規定	従業者等が業務に関し違反行為をした場合、法人に対しても罰金刑
マイナンバー（番号法） 行政手続における特定の個人を識別するための番号の利用等に関する法律	48条 正当な理由なく特定個人情報ファイルを提供	4年以下の懲役若しくは200万円以下の罰金又は併科
	49条 不正な利益を図る目的で、個人番号を提供又は盗用	3年以下の懲役若しくは150万円以下の罰金又は併科
	50条 情報提供ネットワークシステムの秘密を漏えい又は盗用	同上
	51条 人を欺き、又は人に暴行を加え、人を脅迫し、又は財物の窃取、施設への侵入、不正アクセス等により個人番号を取得	3年以下の懲役又は150万円以下の罰金
	53条 委員会からの命令に違反	2年以下の懲役又は50万円以下の罰金
	54条 委員会への虚偽の報告など	1年以下の懲役又は50万円以下の罰金
	55条 偽りその他不正の手段により個人番号カード等を取得	6月以下の懲役又は50万円以下の罰金
	57条 両罰規定	従業者等が業務に関し違反行為をした場合、法人に対しても罰金刑
不正競争防止法 営業秘密・限定提供データに係る不正行為の防止など	3条 差止請求	利益を侵害された者からの侵害の停止又は予防の請求
	4条 損害賠償請求	利益を侵害した者は被った損害を賠償する責任
	14条 信用回復措置請求	信用を害された者からの信用回復請求
金融商品取引法 インサイダー取引の規制など	197条の2 刑事罰	5年以下の懲役若しくは500万円以下の罰金又はこれらの併科
	207条1項2号 両罰規定	従業者等が業務に関し違反行為をした場合、法人に対しても罰金刑
	198条の2 没収・追徴	犯罪行為により得た財産の必要的没収・追徴
	175条 課徴金	違反者の経済的利得相当額
民法	709条 不法行為による損害賠償	故意又は過失によって他人の権利又は法律上保護される利益を侵害した者は、これによって生じた損害を賠償する責任を負う

情報管理が不適切な場合の処罰 （中小企業の情報セキュリティ対策ガイドラインから引用）

引用元　https://www.ipa.go.jp/files/000055520.pdf

　ここでは詳細に解説しませんが、興味がある読者は、IPAが公開している「中小企業の情報セキュリティガイドライン」を参照してください。

　ガイドラインのような記載で、改善活動をどのように組織として取り組むか記載されているため、自社のサイバーセキュリティ強化において経営陣などに理解してもらいたい場合に有益なガイドになると考えます。

クレジットカード番号等取扱業者に対する行政処分事例

　本書では後ほど解説しますが、クレジットカード決済などを取り扱う場合には、クレジットカード番号等の漏洩事故の発生を防止するため必要かつ適切な措置として、クレジットカードのデータセキュリティに関する国際的な基準であるPCI DSSという監査を受ける必要があります。

　しかし、特定の企業がウェブアプリケーションに実施した脆弱性診断や自社システムのサーバを対象にしたネットワーク脆弱性診断において、「High」などの危険度の高いリスク値の脆弱性が検出されたにも関わらず修正せず脆弱性がなかったものとして改ざんを行い、改ざんした報告書をPCI DSSの監査機関に提出していた事例が最近発覚しました。

　クレジットカード会社から不正利用の懸念の連絡を受けて第三者機関が調査を行い、さまざまな調査の結果として不正アクセスを受けてデータベースからカード番号などが漏洩したことが判明し、過去のPCI DSSの結果などからも社内で改ざんが行われていたことが判明したという流れになります。

　ここでは、どのような脆弱性がどのように悪用されてという話も重要ですが、PCI DSS監査は一般的な脆弱性診断より厳格に定義されたものが多くあり、それらを改ざんして問題がないように見せてPCI DSS準拠を取得した場合に仮に不正アクセスを受けてしまい、内部不正が判明した場合には行政処分を受けることもそうですが、社会的な信頼性が著しく下がってしまうリスクが多大にあることを覚えておきましょう。

経済産業省が出したニュースリリース

引用元 https://www.meti.go.jp/press/2022/06/20220630007/20220630007.html

　事例として、経済産業省のニュースリリースを引用元として掲載しますが、本書の目的として特定企業および個人を弾圧することも目的としたものではなく、PCI DSSを適切に行わなかった場合に行政処分になっている事例としての掲載であることから企業名と個人名などはマスキングしています。

　なお、組織的にPCI DSSを前向きに取り組んでいきたい場合には、PCI DSSへの準拠を評価することが可能となる内部監査人としてISA（Internal Security Assessor）の資格を目指すことも可能です。

　ISAは、認定セキュリティ評価機関（QSA）とのやりとりの円滑化やSAQ（自己問診票）などの品質向上を目的にしていますが、クレジットカード取扱い事業者が問題を起こしてしまい、今後の体制強化を顧客や株主へ説明するための組織強化の手段としても検討可能な資格だと思います。

参考元 https://www.jcdsc.org/news/PCI_ISA_Collateral_JP_v03.pdf

近年のサイバーセキュリティリスク

2

APT攻撃
（標的型攻撃）

　APT（Advanced Persistent Threat）攻撃はサイバー攻撃の一分類であり、標的型攻撃のうち「発展した／高度な（Advanced）」「持続的な／執拗な（Persistent）」「脅威（Threat）」の略称です。

　一方で、標的型攻撃は、機密情報を盗み取ることなどを目的として、特定の個人や組織を狙った攻撃です。

　APT攻撃は、ターゲットを分析して攻撃する緻密に計画されたハッキング手法になり、標的型攻撃より高度なものではある印象がありますが、概念のようなものであり基本的な攻撃の流れは同じになります。

　筆者の標的型攻撃とAPT攻撃の区分の考えとしては、緻密な計画とされることから、APT攻撃としては、まず特定企業が使用している製品を調査して、使用している製品に高度な0day（未知の脆弱性）を発見して攻撃コードを開発して侵入を試みるようなレベルを指すと考えます。

　以下の図は、標的型攻撃において攻撃者が狙っている企業のVPNのクレデンシャル情報をリークサイトから取得して、その認証情報を用いてVPN経由で社内ネットワークに侵入した攻撃の想定図になります。

　VPN接続後になにかしらの手段で最初に侵入した社員端末Aではアクセス権限の問題で目的のファイル奪取に至らなかったとしても、社内のコミュニケーションツール（Slackなど）を悪用して目的のファイルへのアクセス権限を持つ社員Bへフィッシングを行いマルウェアを感染させて社員Bの端末へ横展開できた場合に攻撃者の目標が達成できてしまうケースが存在します。

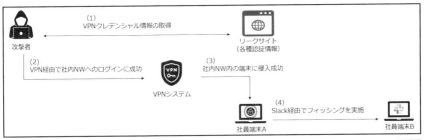

APT攻撃（標的型攻撃）例

　上記のケースは簡単な例ですが、このような攻撃だと他にもVPNシステム自体の既知の脆弱性で修正パッチが適用される前に使用したり、未知の脆弱性（0day）などが使用されるケースがとくに存在します。

Command&Control（C2）

　攻撃者は標的型攻撃攻撃の際に侵入した端末を遠隔操作するためにマルウェアを感染させます。

「C2」という言葉は日本国内においてはボットネットから頻繁に使われるようになったため、感染端末のことを「ボット」と呼び、ボットを操作するサーバを「C2サーバ」と呼ぶことがあります。

　ボットとC2サーバ間の通信を「C2通信」と呼び、一般的にはHTTPS通信が用いられますが、攻撃対象などによってはHTTPSで遠隔操作できないケースなどが存在するためDNSなどのプロトコルを使用するケースが存在します。

　C2通信の理解としては、広く考えておく必要性があり、GmailやSlackなどの任意のメッセージをやり取りできる機能を悪用してボットに命令を渡すケースなども存在します。

　本書において、C2という言葉がたびたび出てきますが広義な扱いをしており、特定のマルウェアを指すものではなくC2は遠隔操作を行う用語として理解してもらえれば問題ありません。

サプライチェーン攻撃

　従来、サプライチェーン攻撃の扱いとしては、製品の供給経路からの攻撃として製品やソフトウェアにバックドアなどが仕掛けられ、それらを気づかずに企業が導入してしまい、侵入されるなどのイメージが多かったかと思います。

　しかし、最近では取引先やグループ企業などが侵入されて本社側への攻撃されることもサプライチェーン攻撃の扱いとなってきています。

　大きく関連会社からの攻撃ケースと供給元からの攻撃ケースが存在すると以下の概要図の通り考えます。

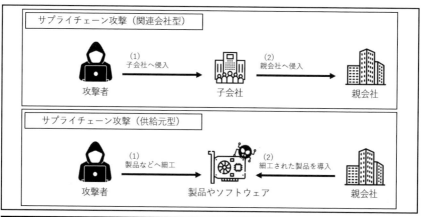

サプライチェーン攻撃の2つのモデル

　まず、関連会社側は子会社のパソコンに侵入されたあとに本社とつながるネットワーク経路が存在する場合に侵入されるケースです。

　本書では説明のため子会社としていますが、関連企業や仕入先なども同様の

扱いになります。

　例えば、SSL-VPNなどで親会社と業務上繋ぐ必要がある場合やActive Directoryの子ドメインで信頼関係的に親ドメインに行ける場合などに該当すると思います。

　それ以外にもネットワークが経路的に繋がっていなかったとしても、子会社のメールアドレスアカウントを悪用して本社社員にフィッシングを仕掛けるなども、関連会社を侵害された場合のサプライチェーン攻撃に分類されてくるでしょう。

　供給元型は信頼している企業の供給元の製品やソフトウェアに攻撃者がマルウェアを仕込むような攻撃になります。

　また、近年では公式のサードパーティソフトウェアのリポジトリでマリシャスな動作（特定のクレデンシャル情報を盗み出すなど）悪意のあるコードが差し込まれるケースを多く見聞きします。

　これも供給元型のサプライチェーン攻撃に分類できるでしょう。

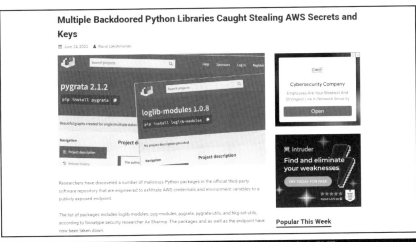

バックドア付きのPythonライブラリの存在を発見

引用元 https://thehackernews.com/2022/06/multiple-backdoored-python-libraries.html

　サプライチェーン攻撃は深刻化しており、本社側だけセキュリティ対策をしていても不十分な場合が存在しており、子会社や関連会社のセキュリティ対策の重要性も課題となっております。

　しかし、セキュリティ対策予算を十分に用意することができるわけではありません。

　2022年8月中旬に政府は通信システムにサイバーセキュリティー対策をした防衛関連企業への税制優遇を検討すると発表しました。

　これらは海外への情報流出を防ぐための対応となりますが、今後このような対応範囲が広がることで供給元型のサプライチェーン攻撃の対策にも前向きに検討できる企業が増えるのではないかと筆者は考えます。

参考URL　https://www.nikkei.com/article/DGXZQODL188NK0Y2A810C2000000/

フィッシング攻撃

フィッシングにも複数の種類があり、一般的なものでは「クレジットカードの請求エラーのためログインしてください」というようなメール文面に怪しいURLが記載されているものになります。

標的型攻撃訓練メールでは、ドメインが正しいドメインでないことが1つの見分ける指標といわれます。

そして、スピアフィッシングのような特定の個人を狙った高度な標的型攻撃メールも存在します。

EDR製品などにより対策が進む一方で、WordやExcelのマクロなどを悪用したフィッシング攻撃は止むことを知りません。

攻撃者がフィッシング攻撃をする際の狙いは大きく2つあります。

(1) 標的型攻撃でマルウェアを感染させ社内ネットワークに侵入する
(2) フィッシングサイトに認証情報を入力させアカウントを奪取する

(1) を行う理由は単純で、研究データや顧客情報を奪取したい場合は社内ネットワークへ侵入することが早いため、Linkdinなどで大学の卒業履歴を調査して在学生になりすましてマルウェアが含まれたマクロ付きのインターンシップの履歴書を送るなどさまざまなアプローチが存在します。

(2) を行う理由はいくつか存在して、アクセス条件ポリシーなどでアクセス元IPアドレスなどが制限されていないと判断した場合は、Microsoft365向けのフィッシングをいきなり行うことがあると思いますし、社内ネットワークへの侵入に成功して簡単に悪用できる脆弱性が見つからなければMicrosoft365のロ

グインページを模したフィッシングを行い認証情報を取得して、その認証情報でActive Directoryユーザになりすますなどの方法も考えられます。

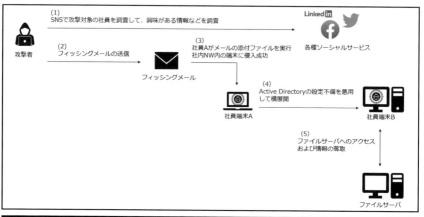

標的型攻撃のフィッシング攻撃例

　話をフィッシングに戻すと、先ほど筆者はドメインが1つの見分ける指標となっているという説明をしました。

　しかし、攻撃者の管理外ドメインになりすますことが可能なケースがあります。

　以下の例では、「admin@ruffnex.net」に対して「packr@packr.org」のメールアドレスを詐称したなりすましメールを送信した例となります。

　攻撃者が標的型攻撃を行うのであれば、このようにメールアドレスの詐称を行い標的型攻撃を行うことは容易に考えられます。

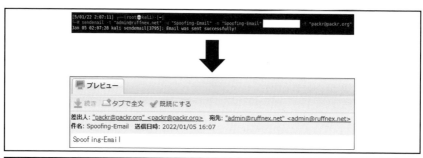

「packr@packr.org」のメールアドレスを詐称した例

このような攻撃を防ぐ対策としては、SPFもしくはDKIMとDMARCの設定を行う必要があります。

自社のプレスリリースを顧客に送信するメールサーバの視点として、SPFの場合は送信側の電子メールアドレスの情報をDNSサーバに登録してます。DKIMの場合は電子メールに付与する電子署名の検証に使用する公開鍵をDNSサーバに登録する必要があり負担が大きくなります。

そして、DMARCについては、DNSサーバに、受信側でなりすましと判定した電子メールの取扱いについてのポリシーを記載する必要があります。

これらポリシーを深く知りたい場合には、政府機関等の対策基準策定のためのガイドライン（https://www.nisc.go.jp/pdf/policy/general/guide30.pdf）を参照することを推奨します。

また、自社で電子メールのなりすましをテストしたい場合、オープンソースの評価ツール（例：espoofer）を使用する選択肢もあります。

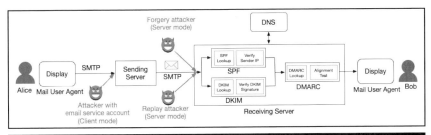

espooferの概要図

引用元 https://github.com/chenjj/espoofer

また、SPFやDMARCの悪用によるなりすましメール以外にも期限切れドメインの悪用も大きな問題です。

期限切れドメインはレピュテーション（信頼性）が高いことがあり、金融機関に攻撃をする場合は期限切れドメインのレピュテーションが金融に分類されるものを選ぶ攻撃者もいると思います。

期限切れドメインを購入する際には、過去に攻撃者が利用していないか調査

することを推奨します。

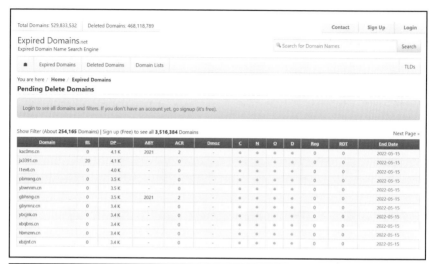

Expired Domain（期限切れドメインの検索サイト）

引用元 https://www.expireddomains.net/expired-domains/

ランサムウェア攻撃

　ランサムウェアとは、パソコンやサーバ上のデータを暗号化して使用不可にし、それらを復旧することと引き換えに身代金を支払うように指示する脅迫メッセージを表示するウイルスの総称です。

　初期のランサムウェアは、基本的に無差別にウイルス付きのメールをばらまくといった方法で、広く無差別に攻撃を行っていました。

　しかし、近年では明確に標的を企業・組織に定め、身代金を支払わざるを得ないような状況を作り出すために標的型攻撃同様に感染および侵入活動を行いActive Directoryのドメイン管理者権限を乗っ取り一斉にすべての端末をランサムウェアに感染させるようなものも存在します。

　ランサムウェア攻撃では、社員端末を直接狙うタイプと外部公開されているVPN経由での侵入やリモートデスクトップへ侵入をしてから感染のための攻撃を行うタイプの2つの方法が考えられます。

　以下の図では、攻撃者の最初の足場となる箇所への攻撃を「侵入」と定義して以降の活動を「攻撃」としています。

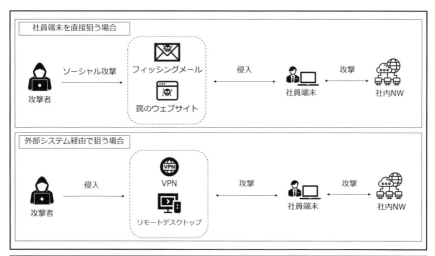

過去のケースから想定されるランサムウェア攻撃の侵入例

　上記のようなランサムウェア攻撃において、さらにランサムウェアによる暗号化前にデータを盗み出しランサムウェアによる暗号化の脅迫と盗み出したデータをパブリックなリークサイトに公開するという二重の脅迫を行うケースが増えています。

　しかし、脅迫型は慎重に被害を見極める必要があり、ランサムウェアのリークサイトに企業名が掲載されている一方で実際は被害がなかったダミー情報といった事例もあります。

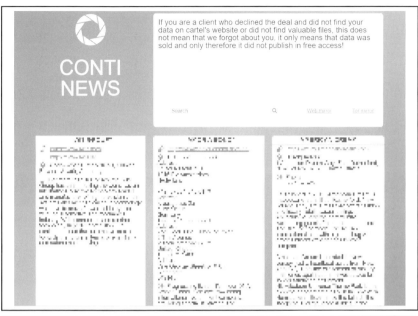

CONTIランサムウェアのリークサイト

　また、国外では対象組織の社員に直接メールを送り、ランサムウェアを実行するように依頼するケースがあったとされる記事があります。

　ランサムウェアを実行した社員は会社が支払った身代金の一部をもらえる提案のようです。

　ペネトレーションテストを一度も実施したことがない企業では、すべての社員がドメイン管理者に所属している構成のActive Directoryなどもあると思いますが、そのような環境では、社員の端末がマルウェアに感染してしまったり、社員が悪意を持ってしまった場合のリスクは想像を超えるといえるでしょう。

Wanted: Disgruntled Employees to Deploy Ransomware

August 19, 2021   36 Comments

Criminal hackers will try almost anything to get inside a profitable enterprise and secure a million-dollar payday from a ransomware infection. Apparently now that includes emailing employees directly and asking them to unleash the malware inside their employer's network in exchange for a percentage of any ransom amount paid by the victim company.

From sajid@bpovision.com ☆	
Subject **Partnership Affiliate Offer**	8/12/21, 12:03 PM
To undisclosed-recipients:; ☆	

if you can install & launch our Demonware Ransomware in any computer/company main windows server physically or remotely

40 percent for you, a milli dollars for you in BTC

if you are interested, mail: cryptonation92@outlook.com

Telegram : madalin8888

Initial email sent by the threat actor.

Image: Abnormal Security.

ランサムウェアを実行するように社員に依頼するケースがあるという啓蒙記事

引用元 https://krebsonsecurity.com/2021/08/wanted-disgruntled-employees-to-deploy-ransomware/

DoS・DDoSなどの サービス停止を起こす攻撃

2

　一般的なウェブサービスがダウンをした際に、DoS攻撃やDDoS攻撃を受けているというような言葉を聞いたことがあると思います。

　この２つの大きな違いとしては、単一のサーバから過剰なリクエスト（SYNフラッド攻撃やUDPフラッド攻撃）や脆弱性を用いたサービス停止（※家庭用ルータなどであれば、再起動機能を悪用して第三者がルータを再起動できるイメージ）を狙うものをDoS攻撃に分類して、複数のサーバ（ボットネットと呼ばれる攻撃者が管理している不正の乗っ取ったサーバで構成された環境など）からDoS攻撃と同様の攻撃を行うものをDDoS攻撃と表現します。

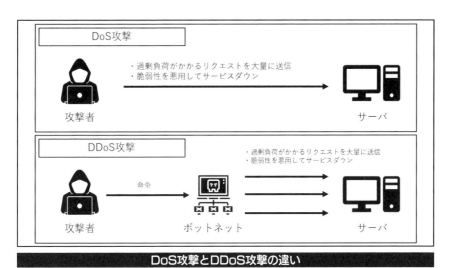

DoS攻撃とDDoS攻撃の違い

　このようなサービス停止関係の攻撃であれば、ランサムウェア同様に金銭の

要求が行われることが多いのですが、過剰に負荷がかかるのみのサービス停止
であれば一時的な被害であるため、事前にサービス停止が発生した場合のユー
ザへの連絡方法の想定など取り決めておき、冷静に対応を行っていくことが重
要です。

DDoS 攻撃を示唆して仮想通貨による送金を要求する脅迫行為 (DDoS 脅
迫) について

最終更新: 2020-10-15

🐦 ツイート ✉ メール

CyberNewsFlash一覧

I. 概要

JPCERT/CC は、2020年8月以降、DDoS 攻撃を示唆して仮想通貨による送金を要求する脅迫行為に関する情報を複数確認しています。こう
した脅迫行為は「DDoS 脅迫」「ransom DDoS」などとも呼ばれ、攻撃者が標的の組織宛にメールを送り、指定する期間内に仮想通貨を支
払わなければ、DDoS 攻撃を実行すると脅迫します。過去には類似する攻撃として、2015年に DD4BC グループによる攻撃、2017年には
Armada Collective や Phantom Squad を名乗る攻撃者からの攻撃、2019年には Fancy Bear Group を名乗る攻撃者からの攻撃等が確認さ
れています。

DDoS 攻撃を示唆して仮想通貨による送金を要求する脅迫行為

引用元 https://www.jpcert.or.jp/newsflash/2020090701.html

　また、DDoS攻撃の緩和策としてはロードバランサーやCDNなどの製品導入
によってオリジンサーバへの負荷を軽減させることが重要となります。
　そして、公開サーバにおいて不要なサービスポートの公開なども重要な施策
となります。
　AWSがDDoS攻撃対策に関するベストプラクティスを定義しているため、イ
ンフラ設計の業務に携わる可能性がある方などは参照してください。

2

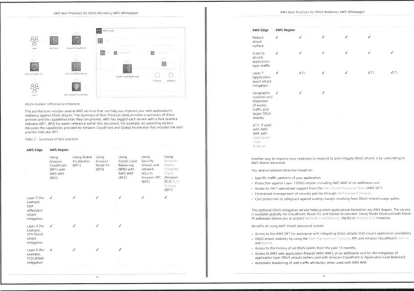

引用元 https://docs.aws.amazon.com/whitepapers/latest/aws-best-practices-ddos-resiliency/aws-best-practices-ddos-resiliency.pdf

AWSのDDoS対策のベストプラクティス

社員からの情報漏洩

外部ディスク経由での情報漏洩

　雇用している自社の社員(派遣社員含む)が顧客情報を漏洩させてしまうケースをまれにニュースで見かけます。

　1つの例として、これまで使用されていたHDDなどを適切な情報消去を行わずにオークションなどで販売したことが契機となっています。

　これらが起こりうる例としては以下の通りです。

（1）リースで契約していたサーバのHDDをリース業者が別のベンダに販売してしまった

（2）業務で重大なプレゼンデータなどにおいて複数箇所に保存して安心したいがために自身のUSBメモリなどにデータをコピーしてしまう

（3）不本意に端末のバックアップ先の設定をしてしまっているケースなどさまざまな要因が考えられる

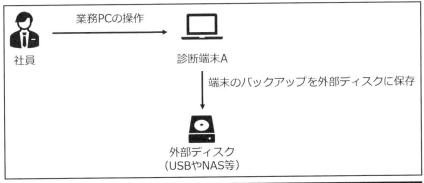

社員が外部ディスクにデータを保存してしまった場合の想定例

　上記のような場合、外部ディスクのデータ消去をセキュアイレースのような方法で適切に行っていなかった場合にデジタルフォレンジック技術などで用いられるソフトウェアを使用してデータを容易に復元される可能性があります。

　細心の注意を払いたい場合、業務で使用したパソコンを自社でもう使用することがないのであればHDDやSSDは国内で溶解処理を施してくれる業者を探して処理することも可能です。

HDDやSSDからの情報漏洩を防ぐためのアドバイス

　まず、HDDやSSDの使用後の情報削除も大事ですが、使用時においてデバイス上のデータを暗号化するための設定を行っておくことを強く推奨します。

　この設定は端末紛失時にもデータが盗み出されることを防いでくれるため未実施の方は、WindowsであればBitLockerをMacであればFileVaultを検討しましょう。

USBなどに顧客情報を持ち出す際のリスク

　前提として望ましくなく推奨しない方法ですが、顧客情報をUSBメディアに入れて持ち出す場合には細心の注意が必要です。

　間違いなくUSBメモリ内のファイルは暗号化されている必要がありますが、

物理的な移動を必要とする場合には移動方法にも細心の注意を払い、置き忘れや紛失が発生しないようにする必要があります。

　契約上、クラウドサービスの使用が禁止されていないのであれば、クラウド上の設定（とくにアクセス範囲の権限）を厳格に行いクラウドサービスの利用を検討するようにしましょう。

　顧客との合意が取れずクラウドサービスの利用ができなかった場合には、顧客環境からの移動でUSBメモリを使用したとしてもその場でVPN経由で社内のオンプレサーバに接続して移動するなどの対策検討を行いましょう。

開発中における意図しない漏洩

　開発においてGitHubのようなソフトウェア開発のプラットフォームは必須の環境になってきたと思います。

　開発主体の会社であれば、社員は常日頃からサービスリリースに向けて開発を手掛けたり、メンテナンスでソースコードの修正などを行うと思います。

　会社がGitHubアカウントを持っていた場合に、すべての一般に見えるパブリックリポジトリと一部の社員にしか見えないプライベートリポジトリで分けて使用していると思います。

　例えば以下のようなファイルを確認した場合、攻撃者はコミット履歴を確認します。

GitHubにおいてクレデンシャル情報らしきファイル

　攻撃者がコミット履歴を確認した場合に、コミット履歴に過去のクレデン

シャル情報が含まれていると以下のような情報を取得できます。

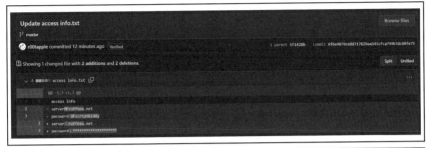

マスキング前のパスワード文字列を取得

　このような情報から認証情報を取得できた攻撃者は、その認証情報をベースに他サービスで使用されていないかパスワード推測攻撃などを行い、より高い権限を求める攻撃などを行っていきます。

　また、それら以外にも異なるソフトウェア開発プラットフォームを使用していて、そのプラットフォーム固有の設定不備により想定していない情報が漏洩しているケースはまれに見かけるため、自社で使用しているプラットフォームの設定状況は今一度確認するようにしましょう。

SNSや社員の公開情報モラルによる漏洩および情報収集

　優秀な人材を採用するために企業はよく外部活動を行います。

　例えば、自社単独でイベント開催をするケースや他社と合わせて自社の特色を紹介していくようなイベントも増えてきています。

　とくに筆者が近年多くなってきていると感じるのは、情報システム部門（※情シス）の自社インフラに関する記事です。

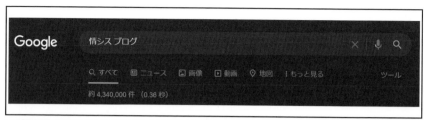

「情シス　ブログ」などで検索すると430万件ほど該当

　例えば、自社のインフラ環境に用いている製品や大まかな自社インフラの紹介などです。

　これらはエンジニア採用にもメリットがあるため公開している企業が多いですが、例えば「シングルサインオンシステム（OktaやOneLogin）を導入しております。」というような記載があった場合、攻撃者は該当組織で使用されているシングルサインオンシステムを知ることができます。

　攻撃者は侵入時に未公開であれば地道に情報の取得をしていかなければならないのですが、侵入の過程でそのような情報を取得できた場合に攻撃経路の作成がより簡単になります。

　とくに国内でもレッドチームのような高度なペネトレーションテストを行う場合は、そのような調査を行い攻撃に活用していくことが一般的です。

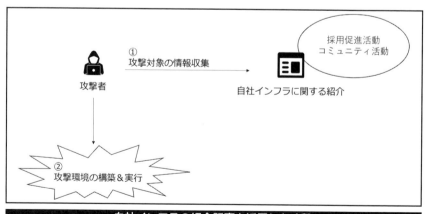

自社インフラの紹介記事を活用した攻撃

　上記、図の①に該当する「攻撃対象の情報収集」とはなにがあるでしょうか。例えば、サービスクローズしたウェブサイトでかつドメインの有効期限が切れたものは簡単に思いつきます。

　そのようなドメインを悪用すれば、社員がインターネットを閲覧する際に外部通信先を制限している環境だったとしてもそのドメインは許可されている可能性があります。

　そうした過去に使用していたドメインは、とくに社内ネットワークからの通信先として許可されている可能性も高く、フィッシングサイトへの誘導やC2のようなマルウェアの通信先として悪用することが可能です。

　また、社内で使用されているEDR製品などのセキュリティ対策製品の情報も重要です。

　高度な攻撃者であれば、事前に該当のEDR製品に作成したマルウェアが検出されないか試してから送信するため、イニシャルアクセス初期侵入を成功させるための確率が情報の存在しない場合と比較できないほどに有利になります。

内部不正の情報持ち出し

　企業において外部からのサイバー攻撃に加えて、社員の内部不正も大きな問題となっています。

　例えば、少し古いですが2016年にIPAが公開した「内部不正による情報セキュリティインシデント実態調査」によれば、内部不正の一番多い問題は不注意であるものの、2位や3位の内部不正は故意なものであるとわかります。

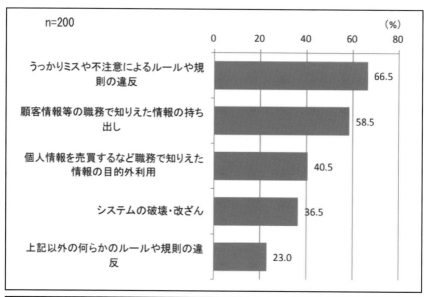

n=200

(%)

うっかりミスや不注意によるルールや規則の違反	66.5
顧客情報等の職務で知りえた情報の持ち出し	58.5
個人情報を売買するなど職務で知りえた情報の目的外利用	40.5
システムの破壊・改ざん	36.5
上記以外の何らかのルールや規則の違反	23.0

内部不正の詳細

引用元 https://www.ipa.go.jp/files/000051140.pdf

　国内でよく見かける内部不正としては、ライバル企業への転職時に機微な技術情報の不正な持ち出しや営業機密情報の持ち出しなどが見られます。

　社員が内部不正を犯すまでにはいくつかの精神的な面も含めてステップが存在すると考えます。

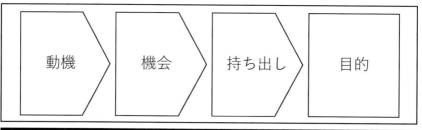

動機 　機会 　持ち出し 　目的

内部不正に至るまでのステップ

2

　まず、内部不正を犯す動機として、給料が低いということや上司への恨みなどさまざまな精神的な問題や現在の待遇的な問題が挙げられます。

　その後、内部犯行を実施する機会としては転職や会社へ損害を与えることなどを目的に自身がアクセスできる権限などで「目的」を達成できるのかを考えます。

「目的」の達成が可能であると考えた場合には、機微な情報をUSBメモリや外部のクラウドストレージなどに保存して情報の持ち出しを行います。

　持ち出し後は、「目的」達成に向けての活動を行うのみとなり、それは転職活動であったりパブリックな場所への不正な公開などになります。

　ここで重要なことはこれらのステップにおいて、社員を犯罪者にさせないためにも端末の監視や内部不正などに関するトレーニングなどを強化する必要があるということです。

　それらの強化を行い、故意である内部不正も故意ではない内部不正にも対応可能な企業や組織を目指していくことが重要であると考えます。

クラウドの不適切な設定による情報漏洩

　普段の業務においてクラウドサービスの利用は一般的なものになってきました。

　昔はAWSのS3バケットの公開範囲が不適切であるということで問題になり、最近ではSalesforceの不適切な設定によっては重要な情報が漏洩するとして問題になっているという認識です。

　クラウドひいてはSaaSサービスを使用した問題は会社業務以外でも私生活でも起こりえる重要な問題です。

　簡単に説明したいため以下の図がここで取り上げるクラウド系の問題になります。

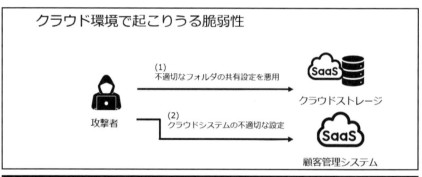

クラウド環境で起こりうる脆弱性

(1)
不適切なフォルダの共有設定を悪用

SaaS
クラウドストレージ

(2)
クラウドシステムの不適切な設定

SaaS
顧客管理システム

攻撃者

SaaSシステムの不適切な設定不備の問題例

　まず、(1) のクラウドストレージに関する問題ですが、極論としてはフォルダ共有機能（URL共有で任意の人間にデータを共有する仕組み）を不適切な使用をしてしまい個人情報が漏洩するケースです。

　イメージとして、Google Mapを使用している場合に自身の位置情報を一時的に他人に共有することができる機能があり、その共有方法をURL経由で伝えることができますが、そのURLが第三者に漏れてしまいストーカー被害などに遭うイメージです。

　共有範囲を限定して共有している場合には問題ないですが、全体共有で行ってしまうとURLを知るだけで攻撃者はそのデータにアクセスできてしまいます。

　これをビジネス上で回避するためには、全社員がOneDriveやGoogle Driveの共有範囲を社員などに設定レベルで厳格化するなど対策が必要となります。

　次に（2）の顧客管理システム（例としてSalesforce）のことですが、極論クラウドシステムにおいて責任共有モデルが存在しているため、特定製品の名前だけ問題にあがりますが、利用者側でセキュリティ考慮ができていなかったということが多い印象にあります。

　それでは、Salesforceの責任共有モデルを確認してみましょう。

責任共有モデルと製品サポートの対象範囲に関して

公開日: 2022年4月21日

解決策

Salesforceはセキュリティに真剣に取り組み、リスクを軽減する複数のセキュリティ制御と設定を提供しています。Salesforce B2C Commerceでは、B2C Commerceプラットフォームとお客様の役割と責任が明確に定義された責任共有モデルを使用しています。データセキュリティにおけるお客様の信頼できるアドバイザーとして、当社は、お客様のセキュリティを強化するために、以下のツールおよびプラクティスを使用し、利用できるようにしています。

Salesforce
- Salesforceのインフラストラクチャ、プラットフォーム、アプリケーションの安全な設計と実装を推進
- アウトバウンドおよびインバウンドのファイアウォールルールの管理
- Salesforceの機密資産に対する2要素認証（2FA）の実施
- テナントごとのデータ隔離の徹底
- プロアクティブなコードスキャンおよび侵入テストの実施
- サードパーティによるセキュリティ評価および監査実施
- 業界標準に準拠した管理の実施
- Salesforce資産の継続的な監視とインシデント対応の実施

お客様
- HTTPSやSFTPなどの安全な通信プロトコルの利用
- アプリケーションレベルのアクセス制御の徹底（例：IP許可リストやID検証の使用）
- 顧客が管理する機密性の高いインターフェースへのMFAの導入
- 安全性の高いユーザープロビジョニングプロセスにそって、適切な役割と権限の付与
- タイムリーに監査ログの収集・分析
- カスタムコードの安全な設計と実装の徹底
- サードパーティとの統合および拡張機能の安全な調達、導入、および維持保守の徹底
- 関連するセキュリティ関連の基準および規則に準拠
- お客様およびカスタムサードパーティの統合資産を継続的に監視し、インシデントに対応
- 不正利用の防止、不正検知、防止策の導入

Salesforceの責任共有モデル

引用元　https://help.salesforce.com/s/articleView?id=000362817&type=1

　まず、Salesforceが「インフラストラクチャ、プラットフォーム、アプリケーションの安全な設計と実装を推進」と定義していることからSalesforceが提供するプラットフォーム環境に関しては責任を持つ定義をされています。

　しかし、顧客側の事項として「カスタムコードの安全な設計と実装の徹底」および「アプリケーションレベルのアクセス制御の徹底（例：IP許可リストやID検証の使用）」とあることからもプラットフォーム上にアップロードされたデータ、ファイル、リンクを安全に保護することはユーザ側の責任となるため、不適切な設定不備で漏洩した場合は一律してユーザ側の責任となります。

　責任共有モデルはAWSから国内でも話題になっていたので理解がしやすいと思いますが、クラウドサービスを利用する上では自身は責任担保しなければならない問題に関しては先に把握しておく必要があります。

SaaS、PaaS、IaaSのクラウド共有責任モデル

　まず、SaaS、PaaS、IaaSとはクラウドサービスの利用形態によって分類した用語のことであり、それぞれにおいて利用者側の共有範囲の範囲は変化しています。

　まず、各単語がなにを意味しており、責任範囲はどのようにことなるのか理解します。

・SaaS（Software as a Service）

　SaaSとはクラウドにあるソフトウェアを利用できるサービスであり、先ほどの解説に出てきたSalesforceもSaaSに該当します。

　主な利用者側の責任範囲としては、SaaSで取り扱っているデータ管理などになり、アプリケーションやOSなどの責任は事業者側になります。

・PaaS（Platform as a Service）

　クラウドにあるプラットフォームが利用できるサービスであり、自らの用意したプログラムを実行および運用できる環境になります。

　例えば、GoogleのApp Engine Application Platform などが該当します。

主な利用者側の責任範囲としては、SaaSと同じ責任範囲に加えてアプリケーションが責任範囲として増えます。

・IaaS（Infrastructure as a Service）

これは端的にAWSのEC2インスタンスなどが該当しており、1つのプラットフォームを自由にできる環境になります。

主な利用者側の責任範囲としては、OSから上は責任範囲として考えておけば問題なく、インフラストラクチャは利用者側ではなくサービス提供している事業者側の責任範囲となっています。

つまり、SaaSからIaaSに向けて責任範囲が増大していっていることがわかります。

近年の開発ではサーバレス環境などが流行りではありますが、それに関してもPaaSに近しい責任範囲が存在すると考えてよいでしょう。

サーバレス環境では、利用者側の責任として、アプリケーションコードのセキュリティ、機密データの暗号化やアクセス範囲、各種モニタリングとログ記録などが必要になると考えます。

より深く知りたい読者はAWSが提供しているArchitecting Secure Serverless Applicationsを参照するとよいでしょう。

引用元 https://aws.amazon.com/jp/blogs/architecture/architecting-secure-serverless-applications/

サイバーセキュリティに深く関連する組織や用語

3

独立行政法人情報処理推進機構 (Information-technology Promotion Agency, Japan 略称: IPA)

　IPAは、日本のIT国家戦略を技術面・人材面から支えるために設立された独立行政法人（中期目標管理法人）であり、所管官庁は経済産業省になります。

　おそらく、ITパスポートや情報処理安全確保支援士などの情報処理技術者試験を受けたことがある読者は聞き覚えがある組織だと思います。

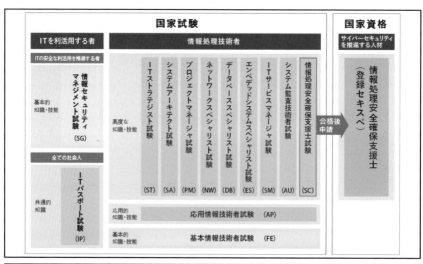

情報処理技術者試験の区分一覧

引用元 https://www.jitec.ipa.go.jp/1_11seido/seido_gaiyo.html

　また、IPAでは、最新の攻撃手法および対策などの調査を行い情報セキュリティ上の脅威やサイバー攻撃の傾向を把握し、新たな脅威動向の予測と、それによる被害の未然防止を実現するための取組みを行っています。

　それらの情報については、「情報セキュリティ白書」として毎年発行されています。

　別途、解説しますが、一般の方が使用しているソフトウェア製品の脆弱性を見つけた場合にも届け出する窓口の設置などもしています。

3

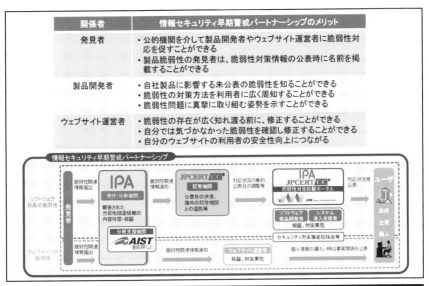

関係者	情報セキュリティ早期警戒パートナーシップのメリット
発見者	・公的機関を介して製品開発者やウェブサイト運営者に脆弱性対応を促すことができる ・製品脆弱性の発見者は、脆弱性対策情報の公表時に名前を掲載することができる
製品開発者	・自社製品に影響する未公表の脆弱性を知ることができる ・脆弱性の対策方法を利用者に広く周知することができる ・脆弱性問題に真摯に取り組む姿勢を示すことができる
ウェブサイト運営者	・脆弱性の存在が広く知れ渡る前に、修正することができる ・自分では気づかなかった脆弱性を確認し修正することができる ・自分のウェブサイトの利用者の安全性向上につながる

情報セキュリティ早期警戒パートナーシップの流れ

引用元　https://www.ipa.go.jp/files/000059695.pdf

JVN
(Japan Vulnerability Notes)

　JVNは、日本で使用されているソフトウェアなどの脆弱性関連情報とその対策情報を提供し、情報セキュリティ対策に役立てることを目的とする脆弱性対策情報ポータルサイトです。脆弱性関連情報の受付と安全な流通を目的とした「情報セキュリティ早期警戒パートナーシップ」に基いて、2004年7月よりJPCERT コーディネーションセンターと独立行政法人情報処理推進機構(IPA)が共同で運営しています。

　活用例としては、自分が使用している製品などの脆弱性情報を確認したい場合には、JVNが運営するJVN iPediaなどを参照して情報の収集などを行います。

JVN iPediaトップページ

引用元　https://jvndb.jvn.jp/

3

　IPAやJPCERT/CCとの違いは、先程のIPAの情報セキュリティ早期警戒パートナーシップの流れで説明した通り、IPAが脆弱性の総合受付を行い、JPCERT/CCが調整機関としての役割と行い、脆弱性情報が一般に開示される（JVNにも掲載される）という分担になります。

　つまり、JVNの役割としては脆弱性情報の公開に特化しているという認識になります。

　JVNページの読み方を学ぶためにJVNに掲載されている脆弱性アナウンスページを例に解説します。

公開日：2022/01/19　最終更新日：2022/01/19

JVN#64806328
████████製レーザープリンターおよびスモールオフィス向け複合機におけるクロスサイトスクリプティングの脆弱性

概要
████████株式会社が提供するレーザープリンターおよびスモールオフィス向け複合機の一部には、格納型クロスサイトスクリプティングの脆弱性が存在します。

影響を受けるシステム
影響を受ける製品およびバージョンは広範囲に及びます。また提供している製品名称やバージョンは日本と海外で異なります。
詳しくは開発者が提供する情報をご確認ください。

詳細情報
████████株式会社が提供するレーザープリンターおよびスモールオフィス向け複合機には、格納型クロスサイトスクリプティング (CWE-79) の脆弱性が存在します。

想定される影響
当該製品の設定画面にアクセスしたユーザのウェブブラウザ上で、任意のスクリプトを実行される可能性があります。

対策方法
アップデートする
開発者が提供する情報をもとに、ファームウェアを最新版にアップデートしてください。

ベンダ情報

ベンダ	リンク
████████株式会社	レーザープリンター及びスモールオフィス向け複合機のクロスサイトスクリプティングに関する脆弱性対応について

参考情報

JPCERT/CCからの補足情報

JPCERT/CCによる脆弱性分析結果

CVSS v3	CVSS:3.0/AV:N/AC:L/PR:H/UI:R/S:C/C:L/I:L/A:N	基本値: 4.8 ▼
CVSS v2	AV:N/AC:M/Au:S/C:N/I:P/A:N	基本値: 3.5 ▼

大手メーカー製レーザープリンターにおけるクロスサイトスクリプティングの脆弱性に関するJVNページ

引用元　https://jvn.jp/jp/JVN64806328/

　上から解説していくと概要はどのような製品にどのような脆弱性が存在するのかという情報になります。

　利用者から見て修正対応を決めるべきかどうかは、影響を受けるシステムの欄であり上記の場合だと複数の製品が対象になるためベンダサポートページでの確認を一任されています。

　詳細情報には、CWE（共通脆弱性タイプ一覧）という聞き慣れない単語がありますが、これは脆弱性の種類になります。

　想定される影響は、この脆弱性が悪用されることでどのようなことが起こり得るかという情報になります。

　対策方法は、上記の場合だとベンダがサポートしているためアップデート対応への一任がされていますが、EOL（保守終了製品）の場合だとベンダが代替製品への検討を一任している場合にはそのような記載がされます。

想定される影響
細工されたプロジェクトファイルを読み込んだ際に、製品が動作するプロセスの権限で不正なコードが実行される。

対策方法
DOPSoft 2は、サポートが終了した製品（EOL）のためアップデートが提供されません。
Delta Electronics社は、代替ソフトウェアに切り替えることを推奨しています。

EOL製品の場合の対策方法アナウンス例

引用元 https://jvn.jp/vu/JVNVU95804712/

　それ以降は、ベンダ情報として該当の脆弱性に関するアナウンスをベンダなどがしている場合には参考リンクが記載され、JPCERT/CCによる補足情報として脆弱性分析結果（CVSS値）が記載されます。

一般社団法人JPCERT コーディネーションセンター

3

　JPCERTコーディネーションセンター（JPCERT/CC）は、コンピュータセキュリティの情報を収集し、インシデント対応の支援、コンピュータセキュリティ関連情報の発信などを行う一般社団法人になります。

　JPCERT/CCは、CSIRT 間の連携をコーディネーションする「CSIRT of CSIRTs」として、インシデント情報の流通促進を図っており、国内が関連するインシデントに対応することを目的とした組織であり、特定の政府機関や企業から独立した中立の組織として活動しています。

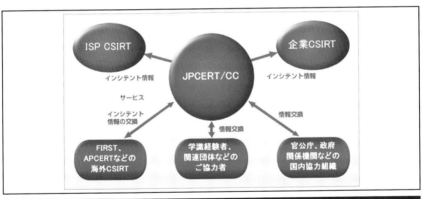

JPCERTの活動例

引用元 https://www.jpcert.or.jp/ir/

　なお、JPCERTが対応可能な依頼に関してはウェブサイトで整理されているため、インフラ担当者やCSIRT担当者などは把握しておいて損はないでしょ

う。

　基本的にはインシデントによる被害拡大や再発防止のための支援活動が主になり、インシデントに関するすべての回答を行っているわけではないことを念頭に入れておく必要があります。

対応できる依頼

お送りいただきました対応依頼に従い、JPCERT/CCからインシデント発生元等へ連絡を入れ、対処、調査の実施を依頼します。また、インシデントについてのご相談もお受けしております。JPCERT/CCで対応できる依頼の例を以下に示します。

- **フィッシングサイトの閉鎖依頼**
  報告内容に従い、JPCERT/CCからサイト管理者へ、フィッシングサイトが公開されていることを連絡し、フィッシングサイトの停止を依頼します。
- **改ざんされたサイトへの対応依頼**
  報告内容に従い、JPCERT/CCからサイト管理者へ、Webサイトが改ざんされていることを連絡し、Webサイトの改ざん箇所の修正やシステムへの侵入の原因となった脆弱性などの調査、対処を依頼します。
- **マルウエアを公開しているサイトへの対応依頼**
  報告内容に従い、JPCERT/CCからサイト管理者へ、Webサイトなどにおいてマルウエアが公開されていることを連絡し、マルウエアの削除やシステムへの侵入の原因となった脆弱性などの調査、対処を依頼します。
- **ポートスキャンを行った攻撃元 IP アドレスの管理者への対応依頼**
  報告内容に従い、JPCERT/CCから攻撃元 IP アドレスの管理者へ、ポートスキャンのログ情報などを提供し、調査、対応を依頼します。（連絡を行うには、タイムスタンプを含むログが必要となります）
- **DoS/DDoS 攻撃の攻撃元 IP アドレスの管理者への対応依頼**
  報告内容に従い、JPCERT/CCから攻撃元 IP アドレスの管理者へ、攻撃に関するログ情報を提供し、調査、対応を依頼します。（攻撃元の数が多く、連絡先が多岐にわたる場合、優先順位を決めて対応することになります）
- **マルウエアが通信を行うサーバの管理者への対応依頼**
  報告内容に従い、JPCERT/CCから、マルウエアが情報の送信などを行っているサーバの管理者へ連絡し、システムの調査等を依頼します。

▲Topへ

対応できない依頼

JPCERT/CCは、技術的な立場からインシデントによる被害拡大や再発防止の為に、支援活動を行なう組織です。インシデントに関するご相談につきましては、可能な限り対応いたしますが、技術的な範疇を超えるご要望につきましては、お答えできないことがございますので、予めご了承ください。以下に、JPCERT/CCで対応できない依頼の例を示します。

- **捜査、取締り**
  犯人や行為者などの特定や、捜査、取締りの依頼
- **法的な対応の代行**
  違法または有害情報の削除依頼
  名誉毀損やプライバシー侵害情報の削除依頼
- **その他**
  個別の製品（ソフトウエア、ハードウエア）の利用方法や、個別のサービスなどに関するコンサルティング
  具体的な対策・対処を伴わない攻撃手法の提供に関する依頼

JPCERT/CCが対応可能な依頼と対応できない依頼

引用元 https://www.jpcert.or.jp/form/#negative_req

PCI DSS
(Payment Card Industry Data Security Standard)

3

　PCI DSSは、クレジットカード情報および取り引き情報を保護するために2004年12月、JCB／American Express／Discover／マスターカード／VISAの国際ペイメントブランド5社が共同で策定した、クレジット業界におけるグローバルセキュリティ基準になります。

　そのため、クレジットカードを取り扱うようなシステム（クレジットカード会員データを構成するすべてのシステムコンポーネントが対象）では、PCI DSS要件11の「セキュリティシステムとプロセスの定期的テスト」を実施する必要がカード取り扱い件数が多い場合の事業者にあります。

　まず、PCI DSSを理解する一歩として関係するステークホルダーの整理をするために以下の図を確認してください。

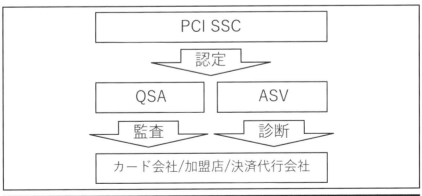

PCI DSSの全体概要図

　PCI SSCはPCI DSSなどの基準を管理する団体であり、QSAとASVはPCI SSCが認定した準拠性確認がとれた組織となります。

　そして、QSAとASVの役割は以下のとおりです。

　QSA(Qualified Security Assessor) は、訪問審査を行い、PCI DSSの順守状況を確認・判定を行う役割であり監査に該当します。

　ASV(Approved Scanning Vendors) は、PCI DSS要件11.2に規定される、脆弱性スキャンサービス（とくに外部脆弱性スキャン）を提供するベンダとなります。

　顧客（カード会社／加盟店／決済代行会社）は、診断および監査を受ける企業でありPCI DSSに準拠する必要があり、脆弱性スキャンの定義されたスコープ（QSAと合意したものが望ましい）をASVに提示します。

　なお、本書では、執筆時にPCI DSS v3.2を主軸とした記載をしています。

　本書で解説するPCI DSSは準拠を目的としたものではなく、用語の簡単な解説であり実際に監査を受ける場合には適切なベンダに相談をする必要があります。

　PCI DSSを受ける場合には細かい要件があり、本書では解説していませんが、無線LAN診断やセグメンテーションテストなど要件11に沿う必要がある場合に追加で受ける必要性があります。

PCI DSSの脆弱性スキャン

　PCI DSSでは、四半期ごとおよびシステムに大幅な変更があった際には脆弱性スキャンを行うように指示されています。

　ここまでの説明では、PCI DSSのセキュリティ診断ではASV資格を保有するベンダで実施する必要があると思いますが、外部脆弱性スキャン（ASVスキャンという呼称が存在する）はたしかにASV認定ベンダである必要があります。

　しかし、内部脆弱性スキャンに関してはASV認定ベンダの必須要求はないとされています。

3

PCI DSS 要件	テスト手順	ガイダンス
11.2 内部と外部ネットワークの脆弱性スキャンを少なくとも四半期に一度および ネットワークでの大幅な変更（新しいシステムコンポーネントのインストール、ネットワークトポロジの変更、ファイアウォール規則の変更、製品アップグレードなど）後に実行する。 *注: 四半期ごとのスキャンプロセスの複数のスキャンレポートをまとめて、すべてのシステムがスキャンされ、すべての脆弱性に対処されたことが示せることができる。未修正の脆弱性が対象中であることを確認するために、追加の文書が要求される場合がある。* *初期の PCI DSS 準拠は、評価者が 1) 最新のスキャン結果が合格スキャンであったこと、2) 事業体で四半期に一度のスキャンを要求するポリシーと手順が文書化されていること、および 3) スキャン結果で判明した脆弱性が再スキャンにおいて示されているとおりに修正されたことを確認した場合、初回の PCI DSS 準拠のために、四半期に一度のスキャンに 4 回合格することは要求されない。初回 PCI DSS レビュー以降は毎年、四半期ごとのスキャンに 4 回合格しなければならない。*	**11.2** スキャンレポートと関連文書を調べて、内部および外部脆弱性スキャンが、次のように実行されていることを確認する。	脆弱性スキャンは、外部および内部のネットワークデバイスとサーバに対して実行される自動化または手動のツール、技術、および/または手法の組合せで、悪意のある者により発見されて利用される可能性があるネットワーク内の脆弱性の可能性を明らかにするよう設計されています。 PCI DSS には、3 種類の脆弱性スキャンが要求されます。 • 四半期ごとの内部脆弱性スキャン（有資格者が実施する、PCI SSC 認定スキャニングベンダ（ASV）の使用は要求されない） • 四半期ごとの外部脆弱性スキャン（ASV が実施することが必要） • 大幅な変更後に行う内部と外部のスキャン これらの弱点が識別されたら、事業体はこれを修正し、すべての脆弱性が修正されるまでスキャンを繰り返します。 脆弱性をタイムリーに特定して対処することで、脆弱性が利用されてシステムコンポーネントやカード会員データが侵害される可能性は低下します。

PCI DSSの内部と外部ネットワークのスキャンに関して

引用元 https://ja.pcisecuritystandards.org/_onelink_/pcisecurity/en2ja/minisite
/en/docs/PCI_DSS_v3%202_JA-JP_20170816.pdf

　PCI DSSは監査の側面が強いため監査対応経験が高いベンダが行うべきであると考えますが、一定の知識があるエンジニアであれば、ASV資格が不要な内部脆弱性スキャンを行うことは可能であるため、QSAと相談して将来的にコストを下げたい場合には内製化の検討が可能な領域になります。

PCI DSSのペネトレーションテスト

　PCI DSSでは、1年に一度および大幅な環境変更があった場合にはペネトレーションテストを実施するように指示されています。

　また、PCI DSSの要件11.3に含まれるペネトレーションテストも内部脆弱性スキャン同様にASV資格が不要です。

　そもそも、このPCI DSSでいう脆弱性スキャンとペネトレーションテストの違いを簡潔にまとめると要件11.2の脆弱性診断は脆弱性の発見のみであることに対して、要件11.3のペネトレーションテストは承認されていないシステムへ

63

のアクセスや悪意ある攻撃などができないか検証することを目的としています。

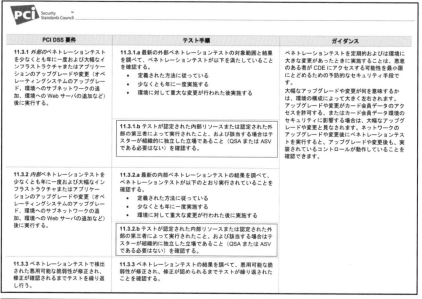

PCI DSS 要件	テスト手順	ガイダンス
11.3.1 *外部のペネトレーションテストを少なくとも年に一度および大幅なインフラストラクチャまたはアプリケーションのアップグレードや変更(オペレーティングシステムのアップグレード、環境へのサブネットワークの追加、環境への Web サーバの追加など)後に実行する。*	**11.3.1.a** 最新の外部ペネトレーションテストの対象範囲と結果を調べて、ペネトレーションテストが以下を満たしていることを確認する。 ・ 定義された方法に従っている ・ 少なくとも年に一度実施する ・ 環境に対して重大な変更が行われた後実施する **11.3.1.b** テストが認定された内部リソースまたは認定された外部の第三者によって実行されたこと、および該当する場合はテスターが組織的に独立した立場であること(QSA または ASV である必要はない)を確認する。	ペネトレーションテストを定期的および環境に大きな変更があったときに実施することは、悪意のある者が CDE にアクセスする可能性を最小限にとどめるための予防的なセキュリティ手段です。 大幅なアップグレードや変更が何を意味するかは、環境の構成によって大きく左右されます。アップグレードや変更がカード会員データのアクセスを許可する、またはカード会員データ環境のセキュリティに影響する場合は、大幅なアップグレードや変更と見なされます。ネットワークのアップグレードや変更にペネトレーションテストを実行すると、アップグレードや変更後も、実装されているコントロールが動作していることを確認できます。
11.3.2 *内部ペネトレーションテストを少なくとも年に一度および大幅なインフラストラクチャまたはアプリケーションのアップグレードや変更(オペレーティングシステムのアップグレード、環境へのサブネットワークの追加、環境への Web サーバの追加など)後に実行する。*	**11.3.2.a** 最新の内部ペネトレーションテストの結果を調べて、ペネトレーションテストが以下のとおり実行されていることを確認する。 ・ 定義された方法に従っている ・ 少なくとも年に一度実施する ・ 環境に対して重大な変更が行われた後に実施する **11.3.2.b** テストが認定された内部リソースまたは認定された外部の第三者によって実行されたこと、および該当する場合はテスターが組織的に独立した立場であること(QSA または ASV である必要はない)を確認する。	
11.3.3 ペネトレーションテストで検出された悪用可能な脆弱性が修正され、修正が確認されるまでテストを繰り返し行う。	**11.3.3** ペネトレーションテストの結果を調べて、悪用可能な脆弱性が修正され、修正が認められるまでテストが繰り返されたことを確認する。	

PCI DSS要件11.3のペネトレーションテストに関する記述

　内部の脆弱性スキャンおよびペネトレーションテストにおいて、ASVベンダを使わない場合(ASV資格を持たないベンダおよび内製化した場合)には、それでPCI DSS審査が問題ないか、QSAがPCI DSS審査を行う立場ですべての要件を確認することから事前に相談を行っておくことを推奨します。

PCI DSS4.0へのアップデート

　執筆時にPCI SSCよりPCI DSS Version 4.0がリリースされました。

　これに伴いVersion 3(Version 3.2.1)は2024年3月31日に引退となりますので、現在 v3.2.1でPCI DSSに準拠されている組織は、これから2年以内にv4.0に移行していくことが求められています。

　本書で伝えたかった、外部スキャンはASV資格が必要で内部スキャンや内

部および外部のペネトレーションテストにおいてはASV資格が必要ない点に大きな代わりありません。

　しかし、PCI DSS v4.0 で新たに追加された要件がいくつか存在しており、2025年3月31日まではベストプラクティス要件対応期間とされているもののQSAへの確認を行うことを推奨します。

　また、PCI DSSの適用範囲が広がりカード番号の保存や処理などを第三者のサービスプロバイダに委託している加盟店なども一部の要件に適用される可能性があります。

　PCI DSSをすでに受けている事業者の方や今後対応する必要がある読者は、PCI DSS対応可能なベンダに対応方針のご確認をすることを推奨します。

委託している事業体）にも適用される場合があります[1]。決済環境または決済業務を第三者にアウトソースする事業体は、適用される PCI DSS 要件に従ってアカウントデータが第三者によって保護されることに対する責任を負います。

プライマリアカウント番号（PAN）は、カード会員データを定義する要素です。したがって、アカウントデータという用語には、完全な PAN、PAN と共に存在するカード会員データのその他の要素、および機密認証データの要素が含まれます。

カード会員名、サービスコード、有効期限が PAN と共に保存、処理、または伝送される場合、またはその他の方法でカード会員データ環境（CDE）に存在する場合、カード会員データに適用される PCI DSS 要件に従って保護される必要があります。

事業体が PAN を保存、処理、または伝送する場合は、カード会員データ環境（CDE）が存在するため PCI DSS 要件が適用されます。ただし、すべての要件が適用されるとは限りません。たとえば、事業体が PAN を保存しない場合、要件 3 の保存された PAN の保護に関する要件は、その事業体には適用されません。

事業体が PAN を保存、処理、または伝送しない場合でも、一部の PCI DSS 要件が適用される場合があります。以下の点を考慮してください。

- 事業体が機密認証データ（SAD）を保管する場合、要件 3 の機密認証データ（SAD）の保管に関連する要件が適用されます。
- 事業体が第三者のサービスプロバイダに依頼して、PAN の保存、処理、または伝送を委託する場合、要件 12 のサービスプロバイダの管理に関連する要件が適用されます。
- 事業体のインフラのセキュリティがカード会員データの処理方法に影響することから事業体が カード会員データ環境（CDE）のセキュリティに影響を与える可能性がある場合（例：決済フォームや決済ページの生成を制御するウェブサーバの経由）、一部の要件が適用されます。
- カード会員データが物理メディア（たとえば紙）上にのみ存在する場合は、要件 9 の物理メディアのセキュリティと廃棄に関連する要件が適用されます。

決済環境または決済業務を第三者にアウトソースする事業体

引用元 https://www.pcisecuritystandards.org/documents/PCI-DSS-v4_0-JA.pdf

CISベンチマーク

　脆弱性診断などのベンダ見積もりや自社に取り入れるべきサービスなどを検討している際に「CISベンチマーク」というような用語を聞いたことがあると思います。

　CIS（Center for Internet Security）は、米国国家安全保障局などの政府機関、企業、学術機関などが協力して、インターネット・セキュリティ標準化に取り組むことを目的に2000年10月に設立された米国の非営利団体の略称です。

　そして「CIS ベンチマーク（Benchmarks）」は、情報システムを安全に構築・維持管理するためのベストプラクティスをまとめたガイドラインで、PCやサーバ、ネットワーク機器、モバイル機器、データベース、アプリケーション、クラウドサービスなどの製品やサービスに対してバージョンごとに詳細なパラメータまでを定めています。

CISベンチマークの例

引用元 https://www.cisecurity.org/cis-benchmarks/

　それでは、Windows OSなどが導入されている社内ネットワークをペネトレーションテストする際に悪用されるLLMNRと呼ばれるプロトコル（※DNS名前解決ができない場合に使用される）に関して、悪用した場合にはResponderツールを用いた中間者攻撃によって容易にNTLMv2のハッシュ値を取得することが可能です。

3

```
[+] Listening for events...
[*] [MDNS] Poisoned answer sent to 192.168.86.50   for name r00tapple
[*] [LLMNR]  Poisoned answer sent to 192.168.86.50 for name r00tapple
[*] [NBT-NS] Poisoned answer sent to 192.168.86.50 for name ROOTAPPLE
[SMB] NTLMv2-SSP Client   : 192.168.86.50
[SMB] NTLMv2-SSP Username : .\r00tapple
[SMB] NTLMv2-SSP Hash     : r00tapple:::a                                000000000C065
0500052004800340039003200520051004100460050                             3004D0042003
00000000000009002400630069006900660073002F003100                        000000000
[*] Skipping previously captured hash for .\r00tapple
[*] Skipping previously captured hash for .\r00tapple
```

Responderツールを用いたNTLMv2ハッシュの取得例

　例えば、CISベンチマーク（CIS Microsoft Windows 10 Enterprise Benchmark v1.12.0 - 02-15-2022参照）を参照してみると、LLMNR（マルチキャスト名前解決）を無効にする設定を有効にしているかの確認項目が存在します。

Windows 10のCISベンチマークにおけるLLMNRに関する項目

　これらの設定の1つ1つは小さな問題であり、この設定ミスがどのようなセキュリティトラブルにつながるか想像するのが難しいサーバ管理者もいるかと思いますが、一旦はCISベンチマーク基準の診断ツールを自社に導入して堅牢化を進めてもよいでしょう。

　上記の懸念点としては、CISベンチマークベースの診断ツールでは不要な指摘情報まで含まれるため膨大な量になりがちになるので、それらを適切に切り分けて扱う必要性があります。

　そのような情報の切り分けを自社で行える自信がない場合には、外部ベンダの価値が生まれると思いますので、取り引きされている脆弱性診断ベンダが対応していれば相談してみてもいいでしょう。

　もちろん、CISベンチマークの基準と実際の攻撃者と同様の手法で行われるペネトレーションテストやレッドチームは異なる観点であることからシステムの堅牢化に自信がつき社内インフラ環境に目を向ける必要がでた場合には検討することを推奨します。

MITRE

Mitre Corporation（MITRE CorporationおよびMITREとして定型化されている）は、マサチューセッツ州ベッドフォードとバージニア州マクリーンに本社を置くアメリカの非営利団体です。連邦政府が資金提供する研究開発センター（FFRDC）を管理し、航空、防衛、ヘルスケア、国土安全保障、サイバーセキュリティなどの分野でさまざまな米国政府機関をサポートしています

CVE（Common Vulnerabilities and Exposures）

CVE(Common Vulnerabilities and Exposures)は、共通脆弱性識別子とも呼ばれ米国政府の支援を受けた非営利団体のMITREが個別の製品中の脆弱性を対象として採番している識別子です。

脆弱性検査ツールや脆弱性対策情報提供サービスの多くがCVEを利用しています。

個別製品中の脆弱性に一意の識別番号「CVE識別番号(CVE-ID)」を付与することにより、複数の組織が発行する脆弱性対策情報と同じ脆弱性に関する対策情報であることを判断したり、対策情報同士の相互参照や関連付けに利用したりできます。

共通脆弱性識別子CVE概説に関してはIPAが掲載しているホームページを参照してください。

参考元　https://www.ipa.go.jp/security/vuln/CVE.html

例えば、Apache log4j（執筆時点で脆弱性対応方法が複数出ており、Apache

log4j自体の修正も行われています）のような社会的に関心を持たれた脆弱性
にももちろんCVEが割り当てられています。

log4jの脆弱性情報（CVE-2021-44228）

引用元 https://cve.mitre.org/cgi-bin/cvename.cgi?name=CVE-2021-44228

　脆弱性情報や特定の開示情報などをもとに開発されたExploitコードが公開
されている可能性があるため、log4j に割り当てられているCVE番号は「CVE-
2021-44228」であるため、該当のCVE番号でExploitコード（Exploitコードとは
攻撃コードを指す）を検索します。

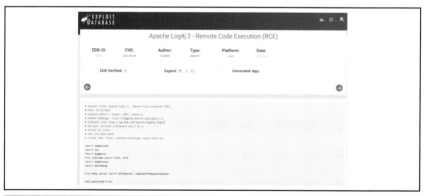

Eexploit Databaseに掲載されたCVE-2021-44228のExploitコード

引用元 https://www.exploit-db.com/exploits/50592

　検索した結果、Exploit DatabaseというOffensive Security社（OSCP試験の運営などを行っている会社）が運営するExploitのアーカイブに掲載されていることが確認できました。

　このような情報はCVE情報のアドバイザリでなく、実際に攻撃に使用できる実証コードになりますが、セキュリティテストなどで必要とするエンジニアが即座に使用できることなどを目的として集約されています。

　おそらく一部の読者はこのようなウェブサイトがなくなることで攻撃が減るのではないかという考えを持たれる方もいるかと思いますが、このようなサイトに掲載されていなくてもGitHubや代替えとなるサービスに公開されるため根本的な解決にはなりません。

　対応優先度が高い脆弱性を判断し、システム運用していくには、これらの情報とうまく付き合っていく必要があります。

CWE（Common Weakness Enumeration）

　CVE同様にMITREが中心となって使用策定を行ったものであり、CWE（共通脆弱性タイプ一覧）は、ソフトウェアにおけるセキュリティ上の弱点（脆弱性）の種類を識別するための共通の基準を目指しています。

　例えば、IPAへ製品の脆弱性などを見つけた場合にも併せて関連するCWEを記載して報告する必要性があります。

CWEとの関連付け	脆弱性に関連する**CWE**を選択してください。

共通脆弱性タイプ一覧CWE概説
(https://www.ipa.go.jp/security/vuln/CWE.html)

IPAの脆弱性届け出ページにあるCWE記載欄

引用元　https://isec-vul-form.ipa.go.jp/ipa-vul-main/software/vulnerability

本書では深く言及しませんが、CWEの一覧に関してはIPAの「JVN iPediaが使用する脆弱性タイプ」を参照してください。

4. JVN iPediaが使用する脆弱性タイプ

表2にJVN iPediaが使用する脆弱性タイプの一覧を示します。概要・対策方法欄に、IPAの普及啓発資料「知っていますか？脆弱性」や「安全なウェブサイトの作り方」、「セキュア・プログラミング講座」の該当する箇所を示してありますのでご活用下さい。

なお、表2の#20～#23はCWE-635で分類できないもので、#20はCWE-635以外のCWE分類に該当するもの、#21はCWEで分類できないもの、#22は分類するための情報が不足しているもの、#23はシステム設計上の問題です。

表2. JVN iPediaが使用する脆弱性タイプ

#	CWE識別子	脆弱性タイプ	概要・対策方法
1	CWE-16	環境設定	ソフトウェアの設定に関する脆弱性
2	CWE-20	不適切な入力確認	知っていますか？脆弱性：10章 安全なウェブサイトの作り方：1.8節 WebAP編：入力検査漏れ対策
3	CWE-22	パス・トラバーサル	知っていますか？脆弱性：4章 安全なウェブサイトの作り方：1.3節 C/C++編：ファイルの別名検査
4	CWE-59	リンク解釈の問題	C/C++編：シンボリックリンク攻撃対策
5	CWE-78	OSコマンド・インジェクション	知っていますか？脆弱性：5章 安全なウェブサイトの作り方：1.2節 WebAP編：コマンド注入攻撃対策 C/C++編：コマンド注入攻撃対策

代表的なCWE識別子

引用元 https://www.ipa.go.jp/security/vuln/CWE.html

CVSS（Common Vulnerability Scoring System）

3

　こちらはMITREが主導したものではなく、米国家インフラストラクチャ諮問委員会（NIAC）のプロジェクトで2004年10月に原案が作成されました。

　しかし、新しい脆弱性を見つけた場合に必要な知識であるため、ここで解説します。

　共通脆弱性評価システム（CVSS）は、情報システムの脆弱性に対するオープンで包括的、汎用的な評価手法の確立と普及を目指して開発された仕様になります。

　こういうと難しく感じますが、簡単にいうとベンダに依存しない共通の評価方法の仕組みとなります。

　CVSSは、1.0 ～ 10.0の数値指標で緊急度を判定します。もちろん、10.0に近いほど危険となります。

　近年では、CVSS v3の使用が一般的になってきており、v2との変更点としては以下の通りにアナウンスされています。

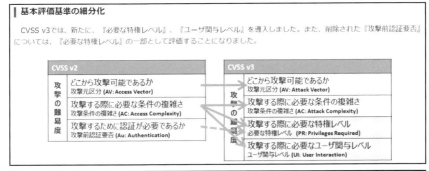

CVSS v2からv3への基本評価基準の変更点

引用元 https://www.ipa.go.jp/security/vuln/CVSSv3.html

　例えば、CVSS2ではRCE（リモートエクスプロイト）においてURLクリッ

クの必要がある脆弱性を報告した場合にユーザの関与（悪用においてユーザの
URLクリック操作が必要など）の評価が曖昧でしたが、CVSS3からは攻撃に
ユーザ関与の必要性が考慮されるようになりました。

　自身で脆弱性を見つけた場合にIPAに報告する場合に自分でCVSSを試算す
る必要性がありますが、計算式を自分で組み立てて計算することは手間である
ためJVNはオンラインで評価計算システムを公開しています。

　もし、脆弱性を発見してCVSS値で報告する必要がある場合には利用するよ
うにしましょう。

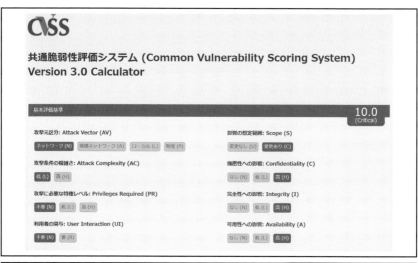

JVNが提供する共通脆弱性評価システム

引用元 https://jvndb.jvn.jp/cvss/ja/v3.html

MITRE ATT&CK

　MITRE ATT&CKはMITRE Adversarial Tactics, Techniques, and Common
Knowledge (ATT&CK)の略称です。MITRE ATT&CKフレームワークは、サ
イバー攻撃者の行動に関する整理されたナレッジベースとモデルであり、サ

イバー攻撃者の攻撃ライフサイクルのさまざまな段階と彼らが標的とすることが知られているプラットフォーム（Windows、MacOS、Linux、Azure AD、Microsoft 365、SaaSなど）をまとめたものです。

　本書では、エンタープライズ向けのATT＆CKマトリックスをベースに説明します。

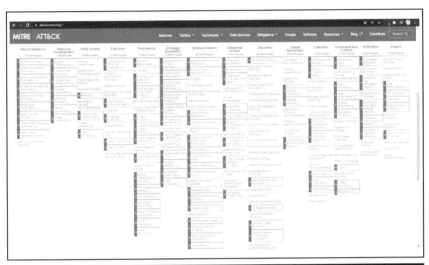

MITRE ATT&CKフレームワーク

引用元 https://attack.mitre.org/

　大きな分類は以下の通りで、MITRE ATT&CKフレームワーク（本書では、エンタープライズ向けを使用）は特定の目的を達成するために攻撃者がどのように一連の手法を行うか含まれています。

　以下の図にある通り、MITRE ATT&CKフレームワークでは偵察から最終目標を影響として14個の戦術を定義しています。

戦術	概要
偵察 （Reconnaissance）	標的組織に関する情報を収集
リソース開発 （Resource Development）	攻撃環境の構築
初期アクセス （Initial Access）	標的組織に初期侵入するための方法
実行（Execution）	リモートアクセスツール（マルウェア）の実行などによる遠隔操作実行
永続性（Persistence）	永続的にネットワークを侵害できるように足場を確立
特権の昇格 （Privilege Escalation）	より高いレベルのアクセス許可を取得
防御回避 （Defense Evasion）	マルウェアや侵入活動の防御を回避
資格情報へのアクセス （Credential Access）	認証情報の取得
発見（Discovery）	標的組織ネットワーク内の環境情報を収集
横方向の動き （Lateral Movement）	ほかのシステムへ横展開を行う
収集（Collection）	端末内や共有フォルダなどからデータの収集
C2 （Command and Control）	侵害したシステムを経由してSMB通信などで内部システムへ侵入を行う
流出（Exfiltration）	データを外部に送信
影響（Impact）	システム破壊などに関連する影響など

　これだけ見ればサイバーキルチェーン（標的型攻撃などの複雑なサイバー攻撃を7つの段階に分けて構造化したもの）などで似たようなものはよく見ますが、MITRE ATT&CKフレームワークでは、特定の戦術をどのように実行する

かをより詳細に説明するサブテクニックが記載されています。

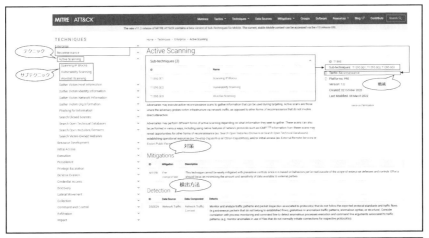

偵察に含まれるアクティブスキャンのサブテクニック詳細

上記の図は戦術であるReconnaissance（偵察）のテクニックとしてActive Scanning（動的なスキャン）の説明をしているページになります。

さらに、Active Scanningのサブテクニックとして、Vulnerability Scanning（脆弱性スキャン）があります。

このことから認識として、テクニックでは主な名称および説明になっており、サブテクニックでその補足を行っている認識をしてもらえれば問題ありません。

MITRE ATT&CKの活用例

MITRE ATT&CKは特定のAPTグループがどのような戦術やテクニックを使っているか分類することにも優れており、度々、脅威分析のレイヤで活用されています。

一方でペネトレーションテストの脆弱性修正の指摘をした際の対策の指針としてMITRE ATT&CKを活用することもできます。

さらに付け加えるのであれば、同じ考え方で読者が自社のネットワークへの

対策を取り組むことも可能となります。

　例えば、社内ネットワークを対象にしたペネトレーションテストを行った
ケースでは、パスワードの強度が貧弱である指摘が多い傾向にあると思います。

　そこで、MITRE ATT&CKのエンタープライズでは「Discovery（発見）」の
項目にあるテクニックに「Password Policy Discovery（パスワードポリシーの
検出）」が存在します。

Password Policy Discovery

Adversaries may attempt to access detailed information about the password policy used within an enterprise network or cloud environment. Password policies are a way to enforce complex passwords that are difficult to guess or crack through Brute Force. This information may help the adversary to create a list of common passwords and launch dictionary and/or brute force attacks which adheres to the policy (e.g. if the minimum password length should be 8, then not trying passwords such as 'pass123'; not checking for more than 3-4 passwords per account if the lockout is set to 6 as to not lock out accounts).

Password policies can be set and discovered on Windows, Linux, and macOS systems via various command shell utilities such as `net accounts (/domain)`, `Get-ADDefaultDomainPasswordPolicy`, `chage -l`, `cat /etc/pam.d/common-password`, and `pwpolicy getaccountpolicies` [1] [2]. Adversaries may also leverage a Network Device CLI on network devices to discover password policy information.[3]

Password policies can be discovered in cloud environments using available APIs such as `GetAccountPasswordPolicy` in AWS.[4]

ID: T1201
Sub-techniques: No sub-techniques
ⓘ Tactic: Discovery
ⓘ Platforms: IaaS, Linux, Network, Windows, macOS
Contributors: Austin Clark, @c2defense; Isif Ibrahima, Mandiant; Regina Elwell; Sudhanshu Chauhan, @Sudhanshu_C
Version: 1.4
Created: 18 April 2018
Last Modified: 20 April 2022

Version Permalink

Procedure Examples

ID	Name	Description
S0521	BloodHound	BloodHound can collect password policy information on the target environment.[5]
G0114	Chimera	Chimera has used the NtdsAudit utility to collect information related to accounts and passwords.[6]
S0488	CrackMapExec	CrackMapExec can discover the password policies applied to the target system.[7]
S0236	Kwampirs	Kwampirs collects password policy information with the command `net accounts`.[8]
S0039	Net	The `net accounts` and `net accounts /domain` commands with Net can be used to obtain password policy information.[9]
G0049	OilRig	OilRig has used net.exe in a script with `net accounts /domain` to find the password policy of a domain.[10]
S0378	PoshC2	PoshC2 can use `Get-PassPol` to enumerate the domain password policy.[11]
G0010	Turla	Turla has used `net accounts` and `net accounts /domain` to acquire password policy information.[12]

Mitigations

ID	Mitigation	Description
M1027	Password Policies	Ensure only valid password filters are registered. Filter DLLs must be present in Windows installation directory (`C:\Windows\System32\` by default) of a domain controller and/or local computer with a corresponding entry in `HKEY_LOCAL_MACHINE\SYSTEM\CurrentControlSet\Control\Lsa\Notification Packages`.[13]

Detection

ID	Data Source	Data Component	Detects
DS0017	Command	Command Execution	Monitor executed commands and arguments for actions that may attempt to access detailed information about the password policy used within an

MITRE ATT&CKのPassword Policy Discovery

引用元 https://attack.mitre.org/techniques/T1201/

　上記のページでは、攻める側はパスワードポリシーをどのように評価するの
かが記載されており、守る側としてどのような緩和策を講じるべきか記載され
ています。

　例えば、Kerberoasting攻撃によってパスワードハッシュを取得され解析されてしまった場合の対策提案として、強力なパスワードの長さ（理想的には25文字以上）やグループマネージドサービスアカウント（Group Managed Service Accounts Overview）の検討などが記載されています。

Enterprise	T1558		Steal or Forge Kerberos Tickets	Ensure strong password length (ideally 25+ characters) and complexity for service accounts and that these passwords periodically expire.[4] Also consider using Group Managed Service Accounts or another third party product such as password vaulting.[4]
		.002	Silver Ticket	Ensure strong password length (ideally 25+ characters) and complexity for service accounts and that these passwords periodically expire.[4] Also consider using Group Managed Service Accounts or another third party product such as password vaulting.[4]
		.003	Kerberoasting	Ensure strong password length (ideally 25+ characters) and complexity for service accounts and that these passwords periodically expire.[4] Also consider using Group Managed Service Accounts or another third party product such as password vaulting.[4]
		.004	AS-REP Roasting	Ensure strong password length (ideally 25+ characters) and complexity for service accounts and that these passwords periodically expire. Also consider using Group Managed Service Accounts or another third party product such as password vaulting. [4]

MITRE ATT&CK におけるKerberoasting攻撃の対策内容

　パスワードを25文字にするなどは運用上である程度工夫をしなければなりませんが、自社においてセキュリティポリシーを組み上げる際に有益な情報資源になると思われます。

NIST
(National Institute of Standards and Technology)

　アメリカ国立標準技術研究所（National Institute of Standards and Technology：NIST）とは、アメリカ合衆国の国立計量標準研究所であり、アメリカ合衆国商務省配下の技術部門であり非監督機関です。

　経済的（安全）保障を強化し、生活の質を高めるような手法で、計量学や標準規格、産業技術を進歩させることによって、アメリカの技術革新と産業競争力を促進することが目的としています。

　NISTが出すリソースはアメリカ合衆国にとどまらず、日本国内においても重要視されます。

　例えば、IPAが出している入札公告である「2021年度ペネトレーションテストによる独立行政法人等の情報システムに対するセキュリティ対策状況調査（その3）」に係る一般競争入札（入札とは、中央省庁や外郭団体などの公的機関が民間業者に向けて業務を発注する調達制度）を見てみましょう。

3. 業務内容

3.1. 業務概要

　本業務は、調査対象システムに対してペネトレーションテストを実施し、セキュリティ対策上の問題点について評価及び助言等を行う。具体的な業務内容は 3.2 に記載する。また、本仕様書で使用する「ペネトレーションテスト」に係る定義及び条件等について、以下に記載する。
　なお、本仕様書中で「ペネトレーションテスト」を「テスト」又は「調査」と表記する場合がある。

(1) ペネトレーションテストに係る定義及び条件等
　IPA が想定しているペネトレーションに係る定義等は以下のとおりであり、テスト実施観点の作成及びペネトレーションテストの実施にあたっては、これらを参考とした上で実施すること。
　① ペネトレーションの定義
　　ア　管理者権限を持つアカウントによる OS・ミドルウェア等へのログイン
　　イ　一般ユーザ権限を持つアカウントによる OS・ミドルウェア等へのログイン
　　ウ　認証を回避しての OS に対するコマンドの実行
　　エ　ア〜ウ以外での対象ホスト内の情報の窃取
　② 本業務におけるペネトレーションテストの内容
　　いわゆる脆弱性診断は、システムが悪用された場合に侵害可能性のある脆弱性を検出・優先付けして報告するものであるが、本業務におけるペネトレーションテストは、攻撃者の視点に立ち、検出された複数の脆弱性や設定不備などを単独又は組み合わせにより疑似攻撃を行い、前段階の疑似攻撃で得られた情報をさらに次の疑似攻撃に利用したりすることで、システムのセキュリティを実際に迂回・突破した結果を報告することを意味する。
　　本業務におけるペネトレーションテストは、システム情報及び脆弱性情報等の収集、対象ホストへの侵入可否の調査及び分析、侵入可能な攻撃の実行、侵入後の攻撃活動（情報収集及び攻撃の結果により判明した対象機器の脆弱性等を利用し、他の更に重要なホストへの侵入を試行すること等）を網羅するものとする。なお、ソーシャルエンジニアリングやテスト対象への物理的な攻撃は、原則として実施しない。

　　　一般的なペネトレーションテストのための方法論や疑似攻撃の手法には、NIST SP800-115 や Penetration Testing Execution Standard (PTES) などに示されたものがあるが、請負者は、近年のサイバー攻撃の動向や最新の攻撃手法を勘案し、攻撃者の視点に立ったより実践的なテストとなるよう攻撃手法や使用するツールを採用し、本業務を遂行すること。

² 特殊法人及び認可法人のうち、サイバーセキュリティ戦略本部が指定するものをいう。

一般競争入札の業務内容

引用元1　https://www.ipa.go.jp/about/kobo/tender-20210402-10.html
引用元2　https://www.ipa.go.jp/files/000089700.pdf

　入札書に記載されている通り、ペネトレーションテストの方法論や疑似攻撃の手法としてNIST SP800-115などを１つの目安として記載していることがわかります。

　本書では、IPAの一般競争入札にも記載されていることからNIST SP800-115に焦点をあてて解説します。

NIST SP800-115

　NIST SP800-115の目的は、組織が情報セキュリティの技術的なテストや調査を計画し、実施し、調査結果を分析し、緩和策を策定することを支援することです。

　NIST SP800-115では、技術的な情報セキュリティテストと検査のプロセス

および手順を設計、実装、および維持するための実践的な推奨事項を提供します。

これらは、システムやネットワークの脆弱性の発見、ポリシーや他の要件への準拠の確認など、いくつかの目的に使用することができます。

よく国内で誤解されるケースとしてNIST SP800-115は、網羅的な情報セキュリティテストおよび検査プログラムを提示するものではなく、特定の技術的手法の利点と限界、およびそれらの使用に関する推奨事項に重きを置いた、技術的セキュリティテストおよび検査の主要要素の概要を説明するものです。

ここまでの説明ではNIST SP800-115を指示するメリットがないように見えますが「レビューテクニック」「ターゲットの特定と分析」「ターゲットの脆弱性の検証」など、一貫した評価結果を保証することを目的に適切な技法を組み合わせるために使用するベンダも存在します。

Security Testing Technique	Security Testing Tool
Review	
Network Sniffing	Dsniff, Ettercap, Kismet, Mailsnarf, Msgsnarf, Ntop, Phoss, SinFP, SMB Sniffer, and Wireshark
File Integrity Checking	Autopsy, Foremost, RootkitHunter, and Sleuthkit
Target Identification and Analysis	
Application Security Testing	CIRT Fuzzer, Fuzzer 1.2, NetSed, Paros Proxy, and Peach
Network Discovery	Autonomous System Scanner, Ettercap, Firewalk, Netdiscover, Netenum, Netmask, Nmap, P0f, Tctrace, and Umit
Network Port and Service Identification	Amap, AutoScan, Netdiscover, Nmap, P0f, Umit, and UnicornScan
Vulnerability Scanning	Firewalk, GFI LANguard, Hydra, Metasploit, Nmap, Paros Proxy, Snort, and SuperScan
Wireless Scanning	Airsnarf, Airsnort, BdAddr, Bluesnarfer, Btscanner, FakeAP, GFI LANguard, Kismet, and WifiTAP
Target Vulnerability Validation	
Password Cracking	Hydra, John the Ripper, RainbowCrack, Rcrack, SIPcrack, SIPdump, TFTP-Brute, THC PPTP, VNCrack, and WebCrack
Remote Access Testing	IKEProbe, IKE-Scan, PSK-Crack, and VNC_bypauth
Penetration Testing	Driftnet, Dsniff, Ettercap, Kismet, Metasploit, Nmap, Ntop, SinFP, SMB Sniffer, and Wireshark

3項目において使用できるツール例

引用元 https://nvlpubs.nist.gov/nistpubs/Legacy/SP/nistspecialpublication800-115.pdf

　網羅的な定義でないため、NIST SP 800-115をベースにOSSTMM（Open Source Security Testing Methodology Manual）やOWASP（Open Web Application Security Project）のようなオープンソースセキュリティテスト方法論を組み合わせ構築しているベンダもあります。

　注意すべきことは、NIST SP 800-115を準拠と記しているベンダでも、NIST SP800-115を参考にしてペネトレーションテストの評価枠組みを構築するのに役立ちますが、適切なセキュリティ評価手順とプロセスを示すものではないということです。

　実際のテスト手法などは固定されているものではなく、ベンダごとに出てくる成果が異なる可能性はあるということです。

　NIST SP800-115の概要に関しては以下の通りであり、読者の方で脆弱性診断項目（IPAなどの資料をもとに国内のベンダが網羅性を定義したもの）を目にしたことがあると思いますが、大きな乖離があることがわかります。

概要	内容
セキュリティテストと検査の概要	情報セキュリティ評価の方法論と技術的なテストの概要について
レビューテクニック	対象（システム、アプリケーション、ネットワーク、ポリシー、手順）のシステムログや設計書およびルールセットなどさまざまな情報を調査し、脆弱性の発見について
ターゲットの特定と分析技術	技術的なターゲットの特定と分析技術について
ターゲットの脆弱性検証手法	ターゲットの脆弱性を検証する技術について
セキュリティ評価計画	評価計画の策定や推奨事項および組織が対処すべき評価関連の法的な検討事項について

セキュリティ評価の実行	分析プロセスおよびアセスメント関連データの収集、保存、送信、破棄に関する推奨事項について
テスト後のアクティビティ	組織が発見した内容をセキュリティ向上のための行動に移す方法について

NIST SP 800-115のガイドラインの概要

　NIST SP800-115のようなガイドラインは診断網羅を定義するものではなく、幅広いテストのアプローチを一定の基準に合わせるための指標でありNIST SP800-115に準拠したため完全に環境がセキュアであるという定義にはならないのです。

　NIST SP800-115準拠と記載されている場合、NIST SP800-115では脆弱性検証方法の詳細定義などはされていないため、どのようなテスト計画を組み実行するのか依頼側は適切に把握しなければなりません。

　例えば、レビューテクニックにおいてWindows端末のアカウントロックポリシーを確認して10回の施行アウトで永続的にアカウントロックされるような環境において、情報ベースであれば10回の試行以内でパスワードスプレー攻撃（複数のユーザに対して「passw0rd!」のような固定パスワードを1回だけログイン施行する攻撃）によってアカウントが奪取されるリスクがありますが、アカウント奪取にこだわらない場合は10回以上のパスワードスプレー攻撃をしてしまってアカウントを永続ロックしてしまうことも業務影響が大きく思えてしまいます。

　逆に10分後アカウントが復旧する場合もあると思いますが、問題定義の観点では永続ロックは業務影響が発生すると指摘して、一定時間でのアカウント復旧は長期的に攻撃者が潜伏した場合にパスワードを推測できる可能性があると示唆します。

　上記は運用面とセキュリティ対策の狭間のような議論であり、おそらく多くの人が悪用できた問題のみを指摘してほしいと思うことでしょう。

　なお、Microsoftではロックアウト期間の設定を15分に推奨しています。

引用元 https://docs.microsoft.com/ja-jp/windows/security/threat-protection/
security-policy-settings/account-lockout-duration

3

　パスワードスプレーは１つの例でしたが、NIST SP800-115では、ターゲットの脆弱性検証手法において実証ができることを確認します。
　しかし、先ほど説明したとおりNIST SP800-115ではテスト内容にパスワードスプレー攻撃をしなければならないなどの定義はないため、どのような攻撃を行うかはベンダ次第となります。
　依頼する会社は、NIST SP800-115準拠ベースで診断した結果、正しい診断や意図している診断がされているかを正確に把握する必要があります。
NIST SP800-115に関心がある読者は一度読んでみるとよいでしょう。

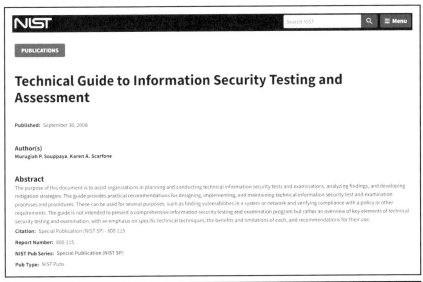

Technical Guide to Information Security Testing and Assessment

引用元 https://www.nist.gov/publications/technical-guide-information-security
-testing-and-assessment

サイバーキルチェーン (Cyber Kill Chain)

　キルチェーンとは軍事用語で攻撃の構造化に関連する用語で、「サイバーキルチェーン」とは攻撃者の攻撃を構造化したものを指します。

　アメリカ合衆国のLockheed-Martin社がこの概念を情報セキュリティに適用させ、2009年に提唱されました。サイバーキルチェーンは、標的型攻撃の一連の行動を軍事行動に似せてモデル化され、7つの段階に分けられており、以下の通りとなっています。

攻撃フェーズ	攻撃者の目的	防御側の目的
偵察	侵入対象の脆弱性を特定	攻撃者による情報のスキャンまたは収集の試みの検出
武器化	マルウェアの開発	脆弱性の特定を行い、悪用を阻止
配送	マルウェアの送信	マルウェアなどのダウンロードを検出して防止
攻撃	マルウェアの実行	マルウェアの実行を防止 攻撃者の操作や通信内容を検出する
インストール	マルウェアの感染	
遠隔操作	遠隔操作で情報の収集	攻撃者の操作や通信内容を検出して目的を阻止
目的実行	身代金など目的達成	

サイバーキルチェーンの概要

3

　このような考え方で覚えておかなければならないことは、サイバーキルチェーンなどのモデル化は攻撃者のためではなく防御者側のために存在するということです。

　そしてサイバーキルチェーンは前述の通り標的型攻撃の一連行動をモデル化しており、ネットワークセキュリティとマルウェアの防止に基づいて、従来の防御戦略を強化することを目的としています。

　例えば、サイバーキルチェーンでは社員が引き起こす内部脅威やIsland Hopping（標的組織とネットワークがつながっているグループ企業に侵入する）のような攻撃などは個別の対応を組み立てる必要があります。

　サイバーキルチェーンを用いて、防御側がどのような製品を用いるべきかをマッピングしている図をLockheed-Martin社が出していましたが、更新したものをSEQRED社ブログにより提供されています。

	DETECT	DENY	DISRUPT	DEGRADE	DECEIVE	CONTAIN
RECONNAISSANCE	Web analytics NIDS	NIPS			Disinformation actions Honeypot	
WEAPONIZATION	Threat intelligence					
DELIVERY	Security awareness Endpoint protection NIDS	Anti-spam mechanisms NIPS	Inline AV	Queues	Honeypot	Application firewall Router ACLs
EXPLOITATION	SIEM Security awareness Endpoint protection	Anti-virus HIPS Patch management	DEP			Application firewall Router ACLs
INSTALLATION	NIDS Endpoint protection	HIPS certificates of executable files Two-factor authentication	Privilege situation	Containerisation		Application firewall Router ACLs
COMMAND AND CONTROL	NIDS	IPS	Router ACLs		DNS sinkholes	Network segmentation
ACTION ON OBJECTIVES	SIEM DLP			DLP		Data encryption DLP

サイバーキルチェーンに対策を紐づけ

引用元 https://seqred.pl/en/cyber-kill-chain-what-is-it-and-how-to-use-it-to-stop-advanced-methods-of-attack/

87

　例として、社員のアクティビティをSIEM（ファイアウォールやIDS/IPSなどのログを一元的に集約および分析するシステム）で解析することや、社員端末のようなエンドポイント端末においてEDR（インシデント発生後の対応を、明確化・迅速化する機能を持つセキュリティ対策製品）のような製品を導入することが追記されています。

サイバーキルチェーンの重要性と限界点

　サイバーキルチェーンという言葉を通じて攻撃者が初期調査を行うフェーズを認識して不適切に公開された社内情報の整理などを検討することはとても素晴らしいことだと考えます。

　そして、各種のフェーズで必要となる対策を講じる契機として活用することも素晴らしい対応だと考えます。

　これは次に解説するユニファイドキルチェーンでも同じ回答になります。

　しかし、サイバーキルチェーンなどのマッピングは事前に定義するよりは事後に定義するものであると認識する必要があります。

　例えば、まったく情報開示を行わずに「ペネトレーションテストを検討しています。テスト進行をサイバーキルチェーンでわかるように提案書をください」となった場合に適切な提案書を書くことは可能でしょうか。

　答えは「NO」で、想定経路か公開情報（筆者だと情シスの採用募集ページで自社インフラの説明を確認する）をベースに攻撃想定経路を提案するしかできません。

　より深く提案するためには、最大限にヒアリングを実施したうえで前提となるイニシャルアクセスや奪取しなければならないアカウントに関連しそうなシステムの存在の有無をヒアリングする必要があります。

　さらに付け加えると、犯罪者しか実現できない攻撃経路も存在すると考えます。

　例えば、リモートデスクトップ端末（RDP端末）を売買するウェブサイトも存在しており、なにかしらの情報でばらまき型攻撃の被害の1つとしてなる可能性は企業組織が大きくなればなるほど可能性として増えるわけです。

　仮に攻撃者がRDP端末の売買ウェブサイトで購入して攻撃を行った場合には、偵察から遠隔操作フェーズまで飛ばすことが可能です。

　さらにRDP端末が企業のActive Directoryに所属していた場合には容易に横展開されてしまう可能性すらあります。

　これが、なぜ攻撃者しか実現できないかということですが、筆者は法律の専門家ではないため法的面での意見ではありませんが、株式会社がそのようなウェブサイトへ仮想通貨の支払いを通じて認証情報（第三者の情報の可能性すら存在する）を購入するということは倫理面でアウトになりますし、反社会的な組織への入金として見なされる恐れがあるためです。

　上記は前提として外部インターネット向けのRDP端末が存在しなければ発生しないリスクですが、セキュリティベンダは契約関係にない対象への攻撃を行った場合には不正アクセスになることから攻撃者はグランドすべてを使える一方でセキュリティベンダはグランドの一部分しか使用できないことを認識する必要性があります。

　そのうえで最大限のアプローチを顧客とセキュリティベンダともに考え適切なアプローチや範囲導き出す必要性があります。

ユニファイドキルチェーン
(Unified Kill Chain)

　サイバーキルチェーンで評価できない問題があるという記載をしましたが、近年、ユニファイドキルチェーンという考え方が生まれました。

　ユニファイドキルチェーン（Unified Kill Chain）は、包括的なアプローチでありサイバーキルチェーンとMitre ATT&CKの両方の要素を組み合わせ、攻撃を18項目のステージに分類しています。

　この2つのフレームワークを使い、IOCを信頼できる脅威情報のいくつかのフィードと同時に比較することで、脅威の注意の有無を知ることができます。

　さらに、防御側と攻撃者側（ペネトレーションテスト担当者やレッドチーム）の双方が、ユニファイドキルチェーンアタックモデルを使用することで、防御策の策定と改善に役立てることができます。

攻撃フェーズ	内容
偵察（Reconnaissance）	標的組織に関する情報を収集
武器化（Weaponization）	攻撃環境の構築
配送（Delivery）	マルウェアの送信
ソーシャルエンジニアリング（Social Engineering）	攻撃対象の社員を欺いて情報を収集するなど
攻撃（Exploitation）	システムの脆弱性を悪用する
永続性（Persistence）	永続的にネットワークを侵害できるように足場を確立
防御回避（Defense Evasion）	マルウェアや侵入活動の防御を回避

3

コマンドアンドコントロール （Command and Control）	遠隔操作で対象システムと通信
ピボッティング（Pivoting）	イントラネットなどへの通信
発見（Discovery）	標的組織ネットワーク内の環境情報を収集
特権の昇格（Privilege Escalation）	より高いレベルのアクセス許可を取得
実行（Execution）	攻撃者が実行するプログラム
資格情報へのアクセス （Credential Access）	認証情報の取得
横方向の動き（Lateral Movement）	ほかのシステムへ横展開を行う
収集（Collection）	端末内や共有フォルダなどからデータの収集
流出（Exfiltration）	データを外部に送信
影響（Impact）	システム破壊などに関連する影響
目的（Objectives）	攻撃目的

サイバーキルチェーンの概要

　また、サイバーキルチェーンと異なりユニファイドキルチェーンは18項目を3つのフェーズに分類して分析します。

（1）Initial foothold（最初の足掛かり）

（2）Network propagation（ネットワークの伝播）

（3）Action on Objectives（目標達成のための行動）

ユニファイドキルチェーンの18項目のフェーズ別の分類

引用元 https://www.unifiedkillchain.com/#topics

　サイバーキルチェーン（ユニファイドキルチェーンを含む）の有益性は現時点で組織が潜在的にどのような脅威があるか適切に切り分ける準備を手助けしてくれます。

　ユニファイドキルチェーンにおいては、3つのフェーズに切り分けられているため、偵察からコマンドアンドコントロールの一連のフローで攻撃を気づく要所があるのかを整理します。

　例えば、マルウェアの初期感染を防御する仕組みが導入できているか、初期感染を検知できなかった場合でもマルウェアのような不審なアクティビティを検出する仕組みができているのか、それらの侵害確認ができた場合に各種ログの保存ができているかなど見返すことが可能です。

　このようなアプローチを取り入れることで自社の情報セキュリティが多重防御でなく多層防御になっているか再度見返す契機にもなります。

　定義例として、多重防御は入口の対策のみをしているのに対して多層防御は入り口から出口までの複数の層を対策することを指します。

　多層防御の観点では、EDR（エンドポイント端末において脅威を継続的に監視して対応システム）やUTM（統合脅威管理）のような製品をどのように社内ネットワークに取り入れ、社員ネットワークセグメントとサーバセグメントをどのように切り分けアクセス権限をどのようにすべきかまで定義していきます。

　興味がある読者は入口の参考資料として、IPAが公開している「高度標的型

攻撃」対策に向けたシステム設計ガイドを参考にすることを推奨します。

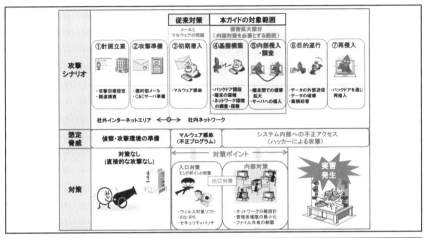

「高度標的型攻撃」対策に向けたシステム設計ガイドの攻撃シナリオと対策の関係

引用元 https://www.ipa.go.jp/files/000046236.pdf

多重防御はいまだに多いのか

　セキュリティ対策予算には限度が存在しており、かつマルウェア感染されて社内ネットワークに侵入された場合には好きに動かれてしまうと考える組織も多いことから多重防御のままになっている企業は多いと考えます。

　また、多層防御の観点でも製品を入れて終わりという話でもなくインフラ設計を見直す必要があると筆者は考えます。

　例えば、ユーザのログインにおいてスマートカードログオンなどをベースにする考え方や各種システムにおいてハードウェア認証デバイスを用いた多要素認証の導入などセキュリティ製品ではなくインフラ環境に関する再定義です。

　インフラ環境の再設計でも膨大なコストがかかることはもちろんですが、基盤となるインフラ環境をセキュアな構成にしたうえで多層防御の観点からSIEMや特権アカウント管理ソリューションなどの導入を進めていくのも1つの案でしょう。

4

脆弱性診断

脆弱性診断とはなにか

　サイバーセキュリティにおいて脆弱性診断とは、一定の診断基準に基づいて評価対象のシステムを評価することです。

　私たちの生活は日々利便性が向上しており、スマートフォンを一人が複数台持っていることが当たり前になりながらスマートスピーカーのような生活の利便性を向上させるようなIoT機器も実生活で多く使われるようになってきました。

　我々が普段使用しているオンラインショッピングサイトは一切の検査もされずに一般公開されているわけではなく、一定のセキュリティ脅威を排除したうえで我々が使用できるようになっています。

　オンラインショッピングサイトを立ち上げている会社は、セキュリティ脅威を排除するためにウェブサイトの脆弱性検査を行い、スマートフォンアプリを提供しているのであればさらにスマートフォンアプリの脆弱性検査を行います。

　オンラインショッピングのスマートフォンアプリであれば、通常のパソコン向けのECサイトに加えて、スマートフォンアプリだけが用いるAPI通信を実装しているケースがあり、それらも脆弱性診断を行います。

　近年では、ECサイトをAWSのEC2インスタンスのようなクラウド上で運用されていることが一般的であり、クラウドの設定不備を確認したい要望も増えています。

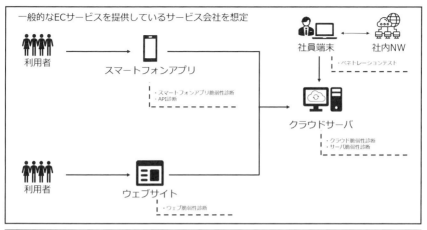

一般的なECサービスを提供しているサービス会社を想定

利用者　→　スマートフォンアプリ

社員端末　←→　社内NW

・ペネトレーションテスト

・スマートフォンアプリ脆弱性診断
・API診断

クラウドサーバ

・クラウド脆弱性診断
・サーバ脆弱性診断

利用者　→　ウェブサイト

・ウェブ脆弱性診断

各コンポーネントにおける脆弱性診断の簡易分類

　上記の図を見ても我々が普段使用しているサービスにおいて複数の脆弱性診断のアプローチがとられていることはわかります。

　脆弱性診断は一定の項目に基づいた確認をしていくサービスです。

　これらの脆弱性診断を行うことでシステム自体はセキュアになるはずですが、セキュリティベンダは１年に一回の脆弱性診断を推奨します。これはなぜでしょうか。

　これはシステムが生き物であるため、ウェブサイトの開発で利用したサードパーティー製品のライブラリに脆弱性が発見されることや、ウェブサイトを実行しているHTTPサーバに深刻な脆弱性が新しく発表されるケースがあるためです。

　しかし、セキュリティ診断のコストは診断を受ける企業から見れば高いコストであるため、可能な限りは自社内で内製化して完結したいと考えるでしょう。

　そのために、近年では脆弱性診断の内製化が推し進められていることも事実です。

　脆弱性診断の内製化では言葉通りですが、これまでベンダに発注していた脆弱性診断を自社で行うことを指します。

　脆弱性診断ツールのクオリティは年々向上しており、正しくツールを用いる

ことで一般的な実装であれば自社で行うことはできますが、脆弱性診断ツールは機械的に判断してくれる素晴らしい側面を持つ一方で、検出できない脆弱性や脆弱性診断ツール自体がスキャンを苦手とする実装が存在します。

　そのため、初期の診断は第三者ベンダに委託して運用中における脆弱性管理（パッチ管理など簡易な修正など）のための脆弱性診断は自社内で完結させるなどしていくような方針も有効な施策だと考えます。

脆弱性診断の内製化を進めるうえで検討すべきこと

　脆弱性診断の内製化を進める理由には大きく2つあげることが可能です。

（1）ベンダに委託する金額のコストダウン
（2）脆弱性診断知識を有した社員を持つことでベンダ報告書を適切に評価できる

　この後に紹介する通り、脆弱性診断は多岐に渡って知識を必要とします。
　脆弱性診断を行っているベンダでも、ウェブ脆弱性診断をしているエンジニアとクラウド脆弱性診断をしているエンジニアが同じというのはまれなケースです。
　つまり、自社の社員の一人に「脆弱性診断」という役割を割いてすべての診断作業を行わせることは絶望的であるということです。
　基本的にそのような役割をあてる場合、少なくとも脆弱性やインフラなどの経験値が高いエンジニアを採用して、脆弱性診断の内製化をしつつ、他エンジニアの採用および育成を並行して行い、チームのスケールを上げていくような運用が一般的です。
　経験値が高いエンジニアでも、開発側でFirebaseやGraphQLなどの新しい技術を採用したアプリケーションの脆弱性を見る場合は新しい学習が必要となるため、前述した通り内製化を進めて行く場合にも一度経験値が高い外部ベンダに依頼してアウトプットを見つつ自社で内製化できる箇所などを模索していくことが望ましいという結論に戻ります。

脅威分析

　脅威分析は、構造的な脆弱性や適切な対策手段の欠如など、潜在的な脅威を特定、列挙し、その対策に優先順位をつけるためのプロセスです。

　脅威分析は脆弱性診断の前に行うアプローチですが、本書では脆弱性診断を広義の扱いをしており、机上分析でも設計ベースで脆弱性を洗い出すことがあるため脆弱性診断のカテゴリに分類しています。

　脅威分析の目的は、システムの性質、攻撃者のプロファイル、最も可能性の高い攻撃ベクトル、攻撃者が最も欲している資産などを考慮した上で、どのような対策が必要かを対策側に体系的に分析させることです。

　脅威のモデル化は、基本的に以下の3つが必要とされます。

・どこが最も攻撃されやすいか
・最も関連性の高い脅威はなにか
・これらの脅威から対策するためになにをすべきか

　さらにつけ加えるのであれば、上記3つをベースとしつつ重視されているものは「守るべき対象（顧客情報や研究データなど）」を特定して定義することです。

　脅威分析は潜在的な脅威を抽出してリスクを軽減する手法としては有益とされますが、脅威モデリングの1つの手法で日本国内でも多く使用されているSTRIDE手法は、マイクロソフト社によって提唱されていますが、それでもマイクロソフト社の脆弱性は日々発見され、アップデートされている現実を考える必要があります。

Microsoftのセキュリティ更新プログラムガイド

引用元 https://msrc.microsoft.com/update-guide/vulnerability

　しかし、マイクロソフトでさえ脆弱性がなくならないのだから脅威分析を行わなくてよいという理由にはなりません。

　脅威分析は、サイバーセキュリティを改善する最も重要な手法であることは間違いありません。

　例えば、サイバーセキュリティに関心があるネットワークエンジニアが社内ネットワークを構築した場合、単純にVPNシステムを導入するだけでも、パスワード認証だけで導入するでしょうか。

　答えは「NO」です。

　VPNシステムへの認証にパスワード認証と多要素認証を用いた認証で行った場合のリスク差異などを検討して、攻撃者からの侵入を不可能にするために限りなく安全にする仕様を検討するはずです。

「脅威分析」という単語だけであれば難しく感じてしまいますが、このようなリスク算出も立派な脅威分析になると筆者は考えます。

脅威分析の考え方

脅威分析モデルは複数存在しており、本書ではそのすべては解説しません。
以下のような脅威分析手法が一例として存在します。

脅威分析手法	概要説明
STRIDE	STRIDEは、なりすまし、改ざん、否認、情報開示、サービス拒否（DoS）、および特権の昇格などの一連の脅威を評価する脅威モデル
DREAD	DREADは、以前Microsoftで使用されていたが、評価に一貫性がないため現在使用されていない脅威モデル
P.A.S.T.A	ビジネスと攻撃者の視点を考慮してリスクと修正の優先順位に関する決定をする脅威モデル

脅威分析手法について

いくつもの脅威分析手法があり目的が異なることだけはわかりますが、脅威分析の目的はなんでしょうか。

もちろん「資産」を守ることです。

つまり、どのような脅威分析手法を用いて、どのような対象（ソフトウェアやネットワーク）だったとしても以下の3段階のプロセスは絶対に避けて通れないことになります。

脅威分析において絶対に必要なプロセス

　最初のフェーズである「保護する対象を決定」する段階では、自社の資産において保護すべき対象を決定します。

　例えば、システムにおいてクレジットカードを取り扱うシステムであればクレジットカードなどを含めた顧客情報が絶対に死守すべきデータとなるでしょう。

　次に「脅威の定義」としてECサイトのようなウェブシステムでそのような情報を死守しなければならない場合にどのような観点が考えられるでしょうか。

　少なくとも、ECサイト自体の脆弱性を悪用して顧客データベースから情報を奪取できないかというパターンは考えられますが、社内ネットワークからの観点も含めるとどうなるでしょうか。

　顧客データベースは性質上、アクセス元を制限しているため、社内ネットワークに侵入しただけではアクセスできないことが多いです。

　しかし、外部の攻撃者がVPN経由での侵入や社員端末自体に標的型攻撃メールで侵入した場合、社内ネットワークを自由に調査されることになります。

　その結果、顧客データベースにアクセスするために用意されている踏み台サーバに侵入された場合、同様に顧客データベースに侵入されるおそれがあります。

　また、HDD自体が暗号化されていなかったりパソコンにパスワードの付箋を貼っているような社員端末を紛失した場合には攻撃者に解析されVPNや保

存された認証情報などが悪用されるケースも想定されます。

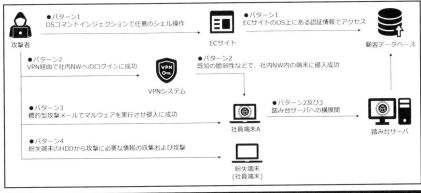

●パターン1
OSコマンドインジェクションで任意のシェル操作

攻撃者

ECサイト

●パターン1
ECサイトのOS上にある認証情報でアクセス

顧客データベース

●パターン2
VPN経由で社内NWへのログインに成功

VPNシステム

●パターン2
既知の脆弱性などで、社内NW内の端末に侵入成功

●パターン3
標的型攻撃メールでマルウェアを実行させ侵入に成功

社員端末A

●パターン2及び3
踏み台サーバへの横展開

踏み台サーバ

●パターン4
紛失端末のHDDから攻撃に必要な情報の収集および攻撃

紛失端末
(社員端末)

顧客データベースを狙った場合の複数経路

上記のように、保護する資産を決定して脅威の定義を適切に行うことで顧客データベース情報の奪取でもシステム構成次第では複数の経路が存在します。

脅威分析手法も活用しながら保護すべき対象を特定したのであれば、次のアプローチとして「脆弱性の検出」を行います。

ここでは、一般的に脆弱性診断となり自動化ツールなどによってシステムやネットワークの脆弱性をリスト化しつつ、脆弱性診断では対応できないレベルなどをペネトレーションテストや机上レビューなどで補っていく形になります。

最終的に、それらの脆弱性診断やペネトレーションテストで検出した問題で、より守りたい情報資産に被害がおよぶ可能性が高い問題から順次対策を行っていきます。

ウェブ脆弱性診断

　ウェブ脆弱性診断はウェブサイトに対して診断項目に準じて診断を行うものです。

　ウェブの脆弱性診断手法は、セキュリティベンダによって異なり、「AI診断」や「ツール診断」や「マニュアル診断（人の手で行う診断）」などを強みとして他社との差別化を行っていますが、主軸として存在するのは「診断項目」になります。

　一般的なウェブの脆弱性診断アプローチは以下の通りです。

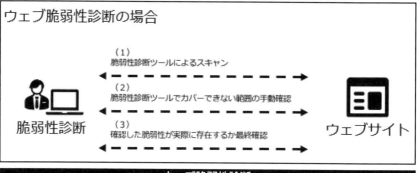

ウェブ脆弱性診断

　上記、図の（2）にあるように、脆弱性診断ツールでは検出できない問題が（例えば、ロジック的な問題など）存在するため、人の手を介するケースがあります。

　先ほど、セキュリティベンダによっては提供している診断手法が異なるという説明をしましたが、これが診断対象のスコープに大きく関係する箇所になり

ます。

　そのため、1つのウェブサイトあたり安価な固定金額で脆弱性診断を行いますというセキュリティベンダがあった場合、診断スコープを確認することを推奨します。

　例えば、以下のようなケースです。

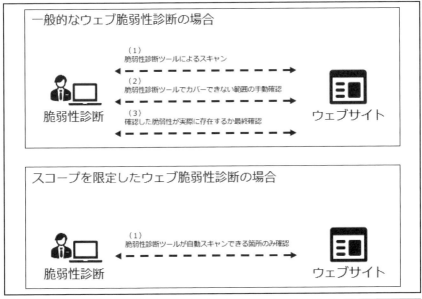

ウェブ脆弱性診断のスコープ差異

　適切な評価を行うのであれば、上の方法を取ることが一般的ですが、下の方法を取った場合にトップページから非ログインで遷移できる対象などある程度のスコープ制限を定めたうえで脆弱性診断を行うケースです。

　スコープを限定した診断を適切な合意形成（セキュリティ診断ベンダが診断範囲によるデメリットなどを適切に説明している場合）で行われているのであれば問題がないと考えます。

　最悪なケースとして、スコープ範囲を狭めたデメリットを適切に示さずに診断が行われる場合は問題です。

　脆弱性診断ツールやAI診断ツールだけに依存した方法だと、評価対象の
ウェブサイト独自のパラメータが上手く引き継がれずに診断ができないケース
があります。

　また、ウェブサイトのトップページから自動遷移可能な対象のみが評価対象
というスコープの場合、実際に評価しなければならない対象機能が診断されな
いケースも考えられます。

　この問題を解決するためには、脆弱性診断の評価対象範囲を正しく発注側が
理解する必要性があるということです。

ウェブ脆弱性診断で検討すべき事項

　脆弱性診断を行う場合にどのような点に注意しなければならないのかですが、
大きく以下の2つがあげられます。

（1）ステージング環境か本番環境の実施どちらにするべきか
（2）アカウントの権限差異を確認

　まず、ウェブサイトなどであれば一般利用者が正常に利用できるように開発
環境（ステージング環境）で脆弱性診断を行うことが一般的です。

　また、ウェブサイトに脆弱性診断を実施した場合に脆弱性診断では正しいリ
クエストに不正な文字列を挿入した際の挙動などを確認して脆弱性を確認する
ことから問い合わせ機能に脆弱性診断を行った場合に、問い合わせメールなど
が過剰に送信されてしまい負荷が発生するケースなどは想像できるため事前に
大量にリクエストを送った場合の影響範囲を確認しておきましょう。

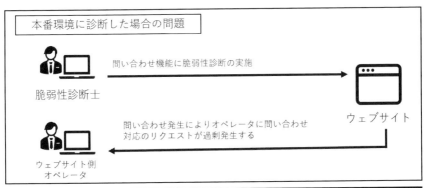

診断リクエストの注意点

4

　また、対象システムのアカウント権限も正しく認識する必要があり、利用者と管理者2つのユーザアカウントが存在する場合にそれぞれのアカウントでアクセスできる機能が異なる結果、正しく診断できていなかったケースも想定できるため脆弱性診断を検討する際にシステムのアカウント権限も事前に確認しておくようにしましょう。

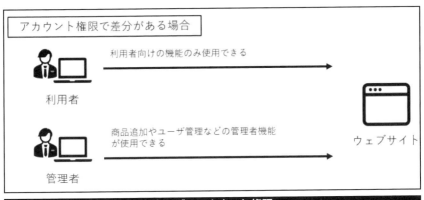

ウェブのアカウント権限

サーバ脆弱性診断

　サーバ脆弱性診断も一定の診断項目に基づいて評価していくサービスです。

　本書では、一般読者が理解しやすいように「サーバ脆弱性診断」という表現を使用していますが、一般的には「ネットワーク診断」や「プラットフォーム診断」という表記とされています。

　セキュリティベンダ次第では、詳細に確認することを目的にサーバにSSHアクセスを行ってサーバ内部のスキャンなど行い評価する診断を提供しているベンダも存在しますが、外部公開されたパブリックなサーバであれば費用面からも一般的には外部から利用者と同じようなアクセス経路で脆弱性スキャンを行い、評価するのが一般的です。

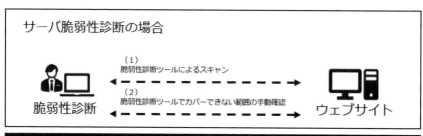

サーバ脆弱性診断

　ここで重要なことはサーバ脆弱性診断では、確認された脆弱性を実際には検証せずに確認されたバージョン情報などをもとにした指摘を行うケースが一般的であるということです。

　先ほど解説したウェブアプリケーションの脆弱性診断は、ツール自体がタイムスリープのような手法（OSコマンドインジェクションの脆弱性を検出した

場合にOSコマンドで3秒スリープを実行するなど）で脆弱性を確認するケースがあり、これがレスポンスの遅延による誤検知でないかという確認を含め検証を行います。

　一方で、サーバ脆弱性診断の場合は該当する脆弱性の攻撃コードがそもそも一般には公開されていないケースやその脆弱性を悪用することで管理者のパスワードを変更してしまうケースも存在するため環境影響の面を考慮してExploitの実証は診断内容に含まれていないことが一般的です。

CDN（Content Delivery Network）使用時の注意点

4

　自社でウェブサイトを運営されている場合には、CloudFrontやAkamaiなどのCDN（Content Delivery Networkの略で、大容量のデジタルコンテンツをインターネット上で大量配信するためのネットワーク）を使用されている方は多いと思いますが、サーバ脆弱性診断を受ける場合には、FQDNに対しての診断では診断リクエストがCDNにしか届かず適切な診断にならない可能性が高いです。

　そのため、サーバ脆弱性診断を受ける場合にはオリジンサーバのアドレスへ診断を行うようにすることを推奨します。

　そのためには、オリジンサーバへのアクセスを制限している場合には診断ベンダのIPアドレスのみ緩和する必要があります。

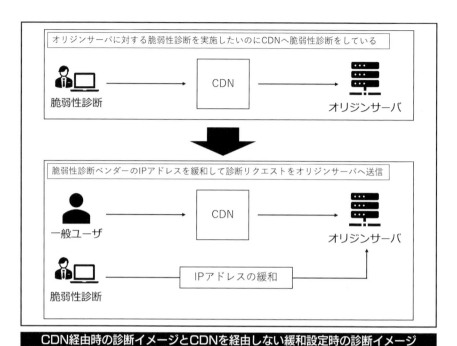

CDN経由時の診断イメージとCDNを経由しない緩和設定時の診断イメージ

　診断ベンダのIPアドレスを緩和設定した場合には、オリジンサーバへの診断が可能になることから適切な評価が行えることになります。

　もちろん、CDN経由時にオリジンサーバへのアクセスができないことを確認したい場合も存在すると思うので、オリジンサーバへの脆弱性診断終了後にIPアドレスの緩和設定を削除してオリジンサーバへのアクセスができないことを確認すればいいでしょう。

スマートフォンアプリ 脆弱性診断

4

スマートフォンアプリケーションの脆弱性診断ですが、アプリ自体の機密情報に対して適切な管理措置が取られているかなどの確認を行います。

ほかの脆弱性診断サービスと同様に確認する項目がリスト化されているのが一般的です。

スマートフォンアプリケーション診断では、アプリ自体のセキュリティ評価を行います。

そのため、アプリが行うAPIサーバに対するAPIリクエストの脆弱性評価などはウェブ脆弱性診断（API診断）で行うことが一般的です。

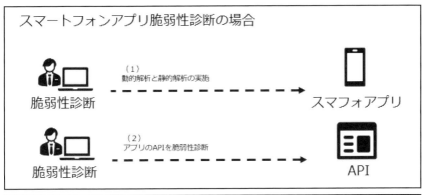

スマートフォンアプリ脆弱性診断の場合

（1）
動的解析と静的解析の実施

脆弱性診断　　　　　　　　　　　　　　　　　　　　スマフォアプリ

（2）
アプリのAPIを脆弱性診断

脆弱性診断　　　　　　　　　　　　　　　　　　　　API

スマートフォンアプリケーション脆弱性診断

ここで注意しなければならないことは、スマートフォンアプリで使用するAPIを診断に含める場合に使用しているAPIを失念しないことです。

もし、開発中に実装した特殊なAPI（デバッグ用のAPI）が存在してリリー

ス後もその機能が存在する場合（削除想定でスマートフォンアプリケーションのソースコードに残存しているケース）、大きなリスクになる可能性があります。

　アプリが使用するAPI側の脆弱性診断を行うことで検出される問題は想像がしやすく、APIサーバ側へのコマンドインジェクション系の攻撃やパスワードリセット機能や商品購入機能のリクエストに関係した設計不備による攻撃などが考えられます。

　一方でアプリ単体であれば、例えばログに認証情報などの重要な情報を保存していないか、ソースコード中に機密情報を保存していないか、アプリ間連携時の情報に不適切な情報が含まれていないかなどを評価していきます。

　また、スマートフォンアプリなどクライアントアプリケーションであればAPIで受け取った値を取り扱うことからAPIのレスポンス改ざんによってビジネス影響が高い、課金アイテムの不正取得などの問題につながるケースなども評価が可能です。

クラウド脆弱性診断

　クラウド脆弱性診断は、AWSやAzureといったクラウド環境に構築した環境を評価するものになります。

　現在では減りましたが、過去にはS3バケットの不適切な情報公開設定による意図しない情報漏洩などクラウド側の不適切な設定を確認します。

　また、近年ではAWS Lambdaのようなサーバレスアーキテクチャ（サーバのプロビジョニングや管理）が一般的にも使用されるようになりましたが、AWS Lamdaに構築したアプリケーションに脆弱性があった場合でも攻撃の契機となる可能性がります。

　そういったところで、クラウド診断サービスを自社に適用させる場合でも自社の環境構成に応じて診断範囲が適しているか確認する必要性があります。

クラウド脆弱性診断

　そもそも、ベンダが提供しているクラウド環境に「なぜ利用者側の金銭負担で脆弱性診断をしなければならないのか」という疑問がある読者もいると思うので、AWSの責任共有モデルを参考します。

　AWSが提供している責任共有モデルでは、サーバレスの場合は異なりますが、EC2インスタンスのようなAWSが提供しているクラウド基盤はAWS側の

問題となりますが、クラウド内のセキュリティ責任はすべてユーザ側が担保する必要があるとされています。

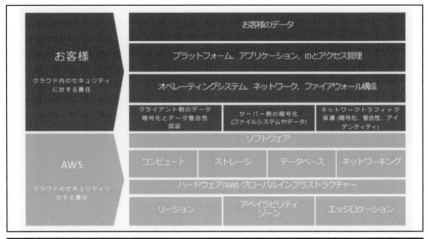

お客様のデータ

お客様 クラウド内のセキュリティに対する責任	プラットフォーム、アプリケーション、IDとアクセス管理		
	オペレーティングシステム、ネットワーク、ファイアウォール構成		
	クライアント側のデータ 暗号化とデータ整合性 認証	サーバー側の暗号化 (ファイルシステムやデータ)	ネットワークトラフィック 保護 (暗号化、整合性、アイデンティティ)

AWS クラウドのセキュリティに対する責任	ソフトウェア			
	コンピュート	ストレージ	データベース	ネットワーキング
	ハードウェア/AWS グローバルインフラストラクチャー			
	リージョン	アベイラビリティ ゾーン	エッジロケーション	

責任共有モデル

引用元 https://aws.amazon.com/jp/blogs/news/rethinksharedresponsibility/

　つまり、クラウド側で不適切な設定を行ってしまい、その結果、情報漏洩につながった場合の責任は利用者側の責任になってしまいます。

　同じくSalesforceやMicrosoft365のようなSaaSサービスの設定不備などで情報漏洩につながる設定不備の問題がないかなどを確認する場合もクラウドサービスの診断になり、過去の事例においても特定のSaaSによる情報漏洩は使用者の設定不備によるものが多かったため、自社にSaaSを取り入れる場合には関連したSaaS製品でどのようなインシデントが発生したかや責任範囲で調査することを推奨します。

「Salesforce 漏洩」などで検索した例

　例えば、SalesforceなどであればAPEX（Salesforceの機能を拡張する際に使われるオブジェクト指向のプログラミング言語）を用いた開発をするケースがあると思いますが、Apexでは SQL を使用しませんが、独自のデータベースクエリ言語 SOQLを使用しています。

　SOQLの概念はSQLと似ているため、SQLインジェクション同様にSOQLインジェクションという攻撃が入力値が検証されない場合、SOQLステートメントを事実上変更してSOQLコマンドを指定し、意図しない情報が攻撃者に取得されてしまう可能性があります。

クラウド診断単体で見れないポイント

　AWSならば、IAMポリシーやLamdaのソースコードまで診断してくれる一見無敵そうなクラウド脆弱性診断ですが、すべてを見切れない環境も存在します。

　それは、業務環境をAWS上に構築（※Active Directory構成の社内ネット

ワークをAWSに構築して、リモートデスクトップで接続して作業するような
ケース）していたりする場合の設計不備などです。

　これを見ていくには以下の２つの知識が必要になってきます。

（１）クラウドの脆弱性に関する知識
（２）社内ネットワークへの攻撃知識

　クラウド診断では、（１）の要件は満たしていますが、（２）の要件は満たせま
せん。

　Active Directory構成になっていた場合は、その環境を見るための知識や経
験が必要となるためです。

　筆者が知る限り国内で上記のような環境を１サービスで完結できるベン
ダは知らないため、該当環境を診断する場合には、「クラウド診断+Active
Directory設定診断」のようなサービスを契約するか、「クラウド診断+ゴール
ベースのペネトレーションテスト」を実施するかになると考えます。

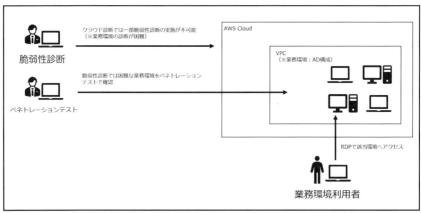

クラウド診断単体では診断が困難なクラウドを活用した業務環境例

IoT脆弱性診断

IoT脆弱性診断では、IoTに関するセキュリティリスクの評価などを行っていきます。

詳細なデバイスに対する診断アプローチを説明するわけではないため、IoTを広義なものとして扱います。

まず前提として、IoTは一般的なウェブサイトやサーバの脆弱性診断のように完全な診断項目の制定が困難であるということを理解しておいてください。

理由としては、IoTデバイス自体が使用するプロトコルやハードウェア実装がさまざまであるということが要因としてあります。

IoT機器への攻撃としては、Bluetoothなどの無線通信としてはリプレイ攻撃（再送攻撃）などが一般的なリスクですし、AWS IoT Coreなどを使用してMQTT通信を行う場合にはデバイス内に各種証明書が存在しており、その証明書を取り出して不正なパブリッシュやサブスクライブ通信（同じ証明書で他の機器へMQTTの命令を発行できないか）などを試みます。

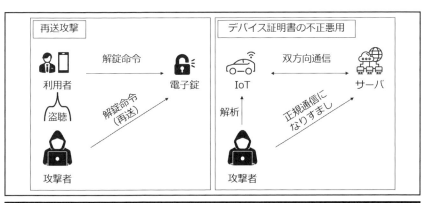

IoT機器の代表的な攻撃例

　上記からもIoT機器の使用している通信プロトコル次第で攻撃方法なども変わってくる認識をイメージできたかと思いますが、通常IoT機器を診断する場合には固定化された診断手法を提案することが困難であることからベストエフォートな診断（※ペネトレーションテストと表現する場合もある）というイメージが近いと筆者は考えます。

　IoT脆弱性診断を大まかに説明すると2パターン程度存在すると思います。

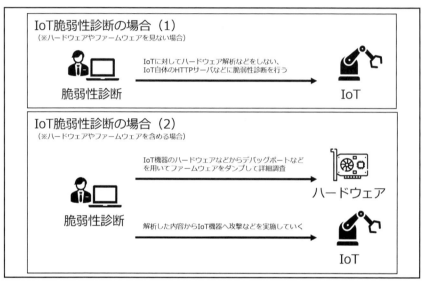

IoT脆弱性診断の場合（1）
（※ハードウェアやファームウェアを見ない場合）
IoTに対してハードウェア解析などをしない、
IoT自体のHTTPサーバなどに脆弱性診断を行う
脆弱性診断　　　　　　　　　　　　　　　　　　　　　　　IoT

IoT脆弱性診断の場合（2）
（※ハードウェアやファームウェアを含める場合）
IoT機器のハードウェアなどからデバッグポートなど
を用いてファームウェアをダンプして詳細調査
ハードウェア
脆弱性診断　　解析した内容からIoT機器へ攻撃などを実施していく
IoT

IoT脆弱性診断を検討する上での2パターン

　IoTの脆弱性診断を行う場合にミニマムなものでは、ブラックボックスな状態でかつハードウェアを見ない状態で診断を行う（1）のようなケースですが、IoT自体が複数のサービス（HTTPやSSHなど）を持っていればなにかできる可能性がありますが、IoT機器が内部でAWSにあるサーバなどと通信しているだけのような機器でユーザはスマートフォンアプリからAPI経由などで情報をもらうことを想定している場合には検出できる脆弱性がないといった可能性があります。

一方で、（2）のハードウェア解析も行うケースでは、ベンダの力量次第ですが

ブラックボックスと比較して調査範囲も広いため、なにか有益な脆弱性が検出される可能性が高くなります。

しかし、ハードウェア解析を診断に含めた場合にはIoT機器が故障してしまう可能性が高くなるため、診断ベンダに複数の機器を渡す必要があり、ブラックボックスと異なり調査範囲が広くなるため調査日数も多くなり、結果として診断費用が高くなるというデメリットも存在します。

OWASP IoT Top 10について

しかし、IoTセキュリティデバイスの脆弱性診断を依頼する場合にでもどのような指針で行っているのか知りたいというケースが存在すると思います。

その場合に、OWASP IoT Top 10の項目が活用できる可能性があります。

OWASPとは、ウェブアプリケーションのセキュリティに関するオープンソースのコミュニティです。

OWASP IoT Top 10では、開発者、製造業者などがIoTに関するセキュリティの問題を理解してよりよいセキュリティの意思決定ができるようなことも目的に作成されています。

OWASP IoT Top 10では2014年度版と2018年度版が存在しており、項目以外にもそれらがどのような脆弱性なのか知るためのIoTGoatと呼ばれる、OpenWrtに基づく意図的に安全でないファームウェアの提供も行われています。

しかし、OWASP IoT Top 10の対象として開発者がベストエフォートの知見として採用することも目的としているわけであり、IoTというデバイス上では物理設置などの問題点もあることから「Lack of Device Management（デバイス管理の欠如）」や「Lack of Physical Hardening(物理的なハードニングの欠如)」のような診断の評価がしにくいポイントなども含まれています。

評価しにくいポイントは存在するものの、「Weak, Guessable, or Hardcoded Passwords（パスワードに関連する問題）」や「Insecure Network Service（安全ではないネットワークサービス）」など診断可能な項目で機器特性を考慮し

てどのような観点を見るか合意するための項目として活用することができるで
しょう。

Description

Provides mappings of the OWASP IoT Top 10 2018 to industry publications and sister projects.

OWASP IoT Top 10 2014	OWASP IoT Top 10 2018 Mapping
I1 Insecure Web Interface	I3 Insecure Ecosystem Interfaces
I2 Insufficient Authentication/Authorization	I1 Weak, Guessable, or Hardcoded Passwords I3 Insecure Ecosystem Interfaces I9 Insecure Default Settings
I3 Insecure Network Services	I2 Insecure Network Services
I4 Lack of Transport Encryption/Integrity Verification	I7 Insecure Data Transfer and Storage
I5 Privacy Concerns	I6 Insufficient Privacy Protection
I6 Insecure Cloud Interface	I3 Insecure Ecosystem Interfaces
I7 Insecure Mobile Interface	I3 Insecure Ecosystem Interfaces
I8 Insufficient Security Configurability	I9 Insecure Default Settings
I9 Insecure Software/Firmware	I4 Lack of Secure Update Mechanism I5 Use of Insecure or Outdated Components
I10 Poor Physical Security	I10 Lack of Physical Hardening

OWASP IoT Top 10の2014年度版と2018年度版の比較表

引用元 https://owasp.org/www-project-internet-of-things/

標的型メール訓練

　標的型訓練メールは標的型攻撃への対策として考えられた訓練手法の1つで、自社の社員が不審なメールをどの程度開封して、開封した場合に社内で取り決められた連絡フローに適切に報告されているかを評価するサービスです。

　標的型攻撃メール訓練は実際のペネトレーションテストで行うような高度なフィッシングメールとは異なり、組織の社員全体に対して標的型攻撃メールに模したメールを送信してその開封状況を調査および開封後の社員のアクティビティを評価することが目的です。

　例えば、標的型攻撃メール訓練では以下のようなケースが想定できます。

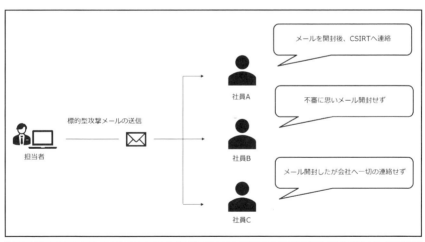

メールを開封後、CSIRTへ連絡

社員A

不審に思いメール開封せず

標的型攻撃メールの送信

担当者

社員B

メール開封したが会社へ一切の連絡せず

社員C

標的型訓練メールの例

　社員全体での開封状況の調査はもちろん重要ですが、開封者のうち誰が

CSIRTへの連絡を行わなかったのかを調査することはこのテストでの重要なステータスになります。

　つまり、上記の図であれば社員CがCSIRTへの連絡を怠った理由をヒアリングして注意を行う必要があります。

　毎年このような標的型メール訓練を行っている場合、初回の開封率から減少しているため継続性を疑う場合があると思いますが、基本的な組織では人の出入りが発生するためインシデント相談窓口への連絡系統の啓蒙活動を含めて年に一度実施する価値はあるでしょう。

　開封者の減少により経営層から予算承認が下りにくくなってしまった場合などは、標的型メール訓練は他の脆弱性診断より内製化することが容易なため外部ベンダに発注する必要性がなくSMTPサーバなどのメールサーバ構築に関する知識および社内インフラに関する知識（メールのフィルタリング設定など）があればオープンソースを活用することで構築できるため適切な開発工数を割くことで内製化することが可能です。

標的型攻撃訓練メールはクリックだけでよいのか

　標的型攻撃訓練メールはクリックだけで本当に効果があるのか筆者のなかでは疑問があります。

　しかし、単純な社員への教育において標的型攻撃訓練メールの存在は情報セキュリティに対する考え方や啓蒙として役立っていることは間違いないでしょう。

　もちろん、啓蒙活動の一環としての意味はあるものの、それがすべての解決につながるわけではありません。

　例えば、自社のドメインに近いアドレスから届いたのであれば、怪しいと考えるでしょうが、自社のドメインのメールアドレスから届いたメールであれば怪しいと考える一方で、フィッシングがパスワードを盗み出すイメージしかないためにクリックしてしまう人が多いでしょう。

　一方で、攻撃者の手口は巧妙化しており、近年では多要素認証のバイパスの

ためのカスタマイズしたフィッシングサイトは当たり前で、Microsoft365アプリを悪用したフィッシングも出てきました。

　旧来、Twitterのアプリ連携時にダイレクトメッセージを送信する機能が悪用されるなどした事例が過去に多数ありましたが、自社でMicrosoft365などを導入している場合には社員がMicrosoft365アプリ追加権限を持っている場合に予想を超えた攻撃を受ける可能性があります。

　SaaSは便利なシステムですが、利便性が高いシステムの仕様は適切に把握するなどして従来のパスワードを盗まれるフィッシング以外にもフィッシング攻撃が存在することを認識して社員がアプリ追加などを勝手にできないような対策を先に施してリスクの緩和に努めていけると望ましいでしょう。

　実際にどのような攻撃が行えるのか気になった方は、Microsoft365のOauthフィッシング攻撃を行うツールキットを調査してみるとよいでしょう。

　有名なものではo365-attack-toolkitという攻撃ツールが存在しており、上手くフィッシングができた場合には電子メールの送信やOne Driveのファイルダウンロードが可能になります。

参考元　https://github.com/mdsecactivebreach/o365-attack-toolkit

4

無線LAN脆弱性診断

多くの企業が無線LANをオフィスネットワークで使用しているでしょう。

おそらく、無線LANセキュリティにおいて一番騒がれたのは喫茶店や空港などでの不正な盗聴攻撃によるデータの漏洩などではないでしょうか。

そこから、無線LANのセキュリティについて検討する機会が増え、基本的には以下の4つの暗号化のアルゴリズムにおいては以下の1（WEP）から4（WPA3）の順で強度が強くなっていきます。

（1）WEP (Wired Equivalent Privacy)

暗号化アルゴリズムにRC4を利用しており、容易に無線LANのパスワードを解析することが可能です。

（2）WPA (Wi-Fi Protected Access)

WEP同様にRC4を利用している一方で、TKIPと呼ばれる自動的に鍵を変更する技術が採用されていますが、攻撃手法がいくつか考案されています。

（3）WPA2 (Wi-Fi Protected Access 2)

暗号化アルゴリズムにAESを使用しており比較的セキュアですが、辞書ベースでの解析など攻撃方法がいくつか検討されています。

（4）WPA3 (Wi-Fi Protected Access 3)

WPA2では鍵交換にPSKを使用していましたが、WPA3では鍵交換にSAE（Simultaneous Authentication of Equals）という仕組みを使用しています。

これにより、認証パスワードへの推測攻撃が事実上不可能になるとされていますが、サイドチャネル攻撃などを使用した攻撃などが研究され発表されています。

・WPA3 のプロトコルと実装に複数の脆弱性

https://jvndb.jvn.jp/ja/contents/2019/JVNDB-2019-002625.html

上記の脆弱性は各ベンダが速やかに対応と修正を終えています。

基本的にパスワード認証のWi-Fiアクセスポイントは集めたパケットでパスワード解析が期間内にできるかという話になるため、以下のようにテストの流れを要約することが可能です。

偵察 ▷ 特定 ▷ 調査 ▷ 搾取 ▷ 報告

無線LANの完全に外部からの診断例

偵察は、オフィス近辺で収集可能なアクセスポイントであり電波強度から会社名に関連していないアクセスポイントの情報も収集します。

特定としては、収集したアクセスポイントの切り分けを顧客と決めて行い、顧客のアクセスポイントの整理が終わり次第調査としてパケットの収集を行い最終的にパスワード解析や考えられる攻撃などを行います。

最終的には調査内容を報告書にまとめて顧客に報告します。

筆者としては、あまりWi-Fiのブラックボックスのテストは好きでなく標的型攻撃ペネトレーションテストの延長線上で実施することが望ましいと思います。

　例えば、社員の端末に侵入後に攻撃者は社員が接続しているWi-Fiのプロファイル情報を確認して平文のパスワードの取得を試みます。

　以下の例では、0000というWi-Fiアクセスポイントに接続している端末から平文のパスワード（以下の図は主要なコンテンツに記載されている）を取得している例となります。

```
C:\Users\r00tapple>netsh wlan show profile 0000  key=clear
インターフェイス Wi-Fi のプロファイル 0000:
===============================================================================

適用先: すべてのユーザー プロファイル

プロファイル情報
-----------------------
    バージョン             : 1
    種類                   : ワイヤレス LAN
    名前                   : 0000
    コントロール オプション :
      接続モード   : 手動接続
      ネットワーク ブロードキャスト : このネットワークがブロードキャスト配信している場合に限り接続
      AutoSwitch            : 他のネットワークに切り替えません
      MAC ランダム化   : 無効

接続の設定
-----------------------
    SSID の数            : 1
    SSID 名              : "0000"
    ネットワークの種類   : インフラストラクチャ
    無線の種類           [ 任意の無線の種類 ]
    ベンダー拡張         : 存在しません

セキュリティの設定
-----------------------
    認証                 : WPA2-パーソナル
    暗号                 : CCMP
    認証                 : WPA2-パーソナル
    暗号                 : GCMP
    セキュリティ キー    : あり
    主要なコンテンツ     : 123456789
```

0000というWi-Fiの平文パスワード取得例

　この後の行動として、攻撃者は端末のパーシステンス（永続化）に成功しなかったとしても社員のオフィスにあるWi-Fiに永続的にアクセスできる可能性があり、長期的に社内ネットワークの探索などが行われるおそれがあります。

　この結果を見るために、ブラックボックスでWi-Fiのペネトレーションテストを行うというのは時間が少しもったいなく感じてしまうというのが筆者の考えになります。

　もちろん、すべてのWi-Fiアクセスポイントがパスワード認証であるわけで

はないため、証明書認証を行うアクセスポイントへの調査例なども解説してい
きたいと思います。

　まず、無線LANの認証ではパスワード認証をしているケースと以下の図の
ようなIEEE802.1x認証を使用したEAP-TLSを用いたクライアント証明書認証
を使用しているケースが存在すると思います。

　802.1xのEAP-TLS認証では証明書を用いた認証を行いますが、接続する端
末が認証装置（無線LANアクセスポイント）へ認証要求を行い使用する認証
方式を確認してから、認証に必要な情報が含まれたEAPメッセージを認証装
置経由で認証サーバ（RADIUSサーバ）へ送信します。

　すべての認証処理が終了することで接続に成功します。

　不適切な証明書でアクセスを試みた場合には、認証に失敗するためパスワー
ド認証などよりは強固な環境になるといえます。

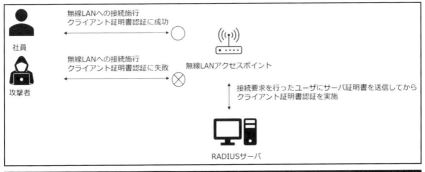

EAP-TLSを用いた無線LANアクセスポイントの概要図

　パスワード認証の無線LANを評価する場合は、無線LANで使用している暗
号化形式を机上ベースで確認するだけでリスクをある程度算出することが可能
ですが、クライアント証明書認証を用いた無線LANの評価を行う場合はクラ
イアント証明書がどのように取り扱われているかまで確認する必要があります。

　つまり、自社のEAP-TLS認証を行うアクセスポイントと全く同じアクセス
ポイント名の悪意あるEAP-TLS認証を行うアクセスポイントを立ち上げた場
合に正規のアクセスポイントに接続するはずだったクライアントが接続されて

しまうのか確認するということです。

　これは、クライアント設定でサーバ証明書が不適切な場合にユーザに判断を委ねてしまう設定にしている場合に発生する問題です。

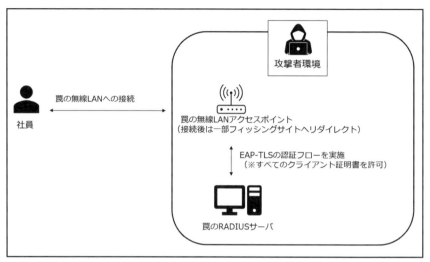

クライアント証明書認証を行う不正なアクセスポイント攻撃例

　他の無線LANアクセスポイントでも同様の攻撃は検討可能ですが、クライアント証明書認証を行う場合でも同様にEAP-TLSを行う不正なアクセスポイントを用意することで社員を罠のアクセスポイントへ接続させることが可能か調査することが可能です。

　このようなケースであれば、社員が攻撃者のネットワークに接続しているため、Microsoft365などへアクセスした場合にフィッシングサイトへリダイレクトされ認証情報を盗み出されるなどの攻撃に発展する可能性があります。

　さらに深く考えていくと、そもそも証明書を用いるクライアント環境がセキュアであるのかや証明書の発行においても考えていく余地があります。

　例えば、クライアントが証明書をTPMに保存していない場合には端末に侵入した攻撃者が証明書をダンプする可能性があります。

　また、Active Directory環境においてADCS（Active Directory 証明書サービ

ス）を用いて証明書の発行などをしている場合に設定不備によって証明書を再発行できてしまう可能性があります。

　無線LANセキュリティという観点においてアクセスポイント自体に目を向けてしまいますが、パスワード認証ではなく証明書認証にした場合の問題も新しく存在することを知ることが重要です。

　対策の面でも、証明書認証を用いている場合には、TPMに証明書を保存するなどの対策も必要となるため新しい技術を採用した場合には関連してどのようなリスクがあるのか調査する必要があります。

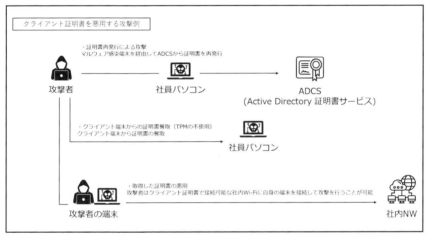

クライアント証明書を悪用したWi-Fiへの侵入概要図

管理漏れの自社のセキュリティリスクの洗い出し

　ここまでの脆弱性診断の内容であれば、すでに自社で評価および保護しなければならない対象が明確にわかっている場合には有益なサービスです。

　しかし、企業規模が大きくなれば大きくなるほどに管理漏れサーバの存在も必然的に発生します。

　管理漏れサーバとは主に以下のようなサーバです。

（1）検証や開発用に作成して停止漏れしているサーバ
（2）キャンペーンサイトなどで作成したサーバ
（3）保有しているグローバルIPアドレスに使途不明で存在するサーバ

　近年では、脅威インテリジェンスにも絡めてこれらの資産を探し出し脅威を導出するサービスが増えてきました。

　このようなサービスもウェブ脆弱性の診断のように決まったパッケージでないことに注意する必要があります。

　例えば、そのような脅威インテリジェンスサービスにおいて事前に評価実施するセキュリティベンダに保有しているグローバルIPアドレスを伝えてその範囲でリスクを導出する場合、そもそも保有しているグローバルIPアドレスが明確にわかっているので自社内のサーバ脆弱性診断で用いるようなツールを使用するだけで同様の確認を行うことができます。

　このような評価の場合に診断スコープ範囲でIPアドレスを事前に決めてしまうことは、本質である管理漏れサーバの確認から逸れてしまう可能性が高いことに注意してください。

　自社のセキュリティリスクを洗い出す場合、基本的には本番環境を対象にするため「本番環境に影響がない範囲で行うこと」が基本的な初期的な部分での合意になるため、その結果、脆弱性診断ツールのようなものが使用できないケースがあります。

　外部から評価対象組織のサイバーセキュリティを評価するサービスを大まかに概要化したものは以下です。

　筆者としては2つの進め方があると思っていて、以下の図に（1）および（2）の手法に切り分けをしています。

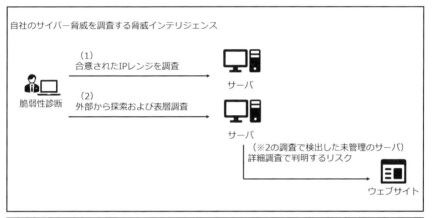

自社のサイバー脅威を調査する脅威インテリジェンス

（1）
合意されたIPレンジを調査
サーバ

（2）
外部から探索および表層調査
サーバ

（※2の調査で検出した未管理のサーバ）
詳細調査で判明するリスク
ウェブサイト

脆弱性診断

自社のセキュリティリスクの洗い出し

（1）の手法は、評価対象組織がすでに自社のグローバルIPアドレスやドメイン名を管理している場合に成り立ちます。

　自社が保有しているサーバなので、この範囲では脆弱性診断ツールなどを使用しても問題がないなどテスト内容も事前合意が容易な進め方になります。

（2）の手法は、評価対象組織が自社で保有しているグローバルIPアドレスやドメイン名を管理できていない、もしくは管理できているが第三者の攻撃者がどの程度収集できるかを把握したい場合に用いる調査方針です。

　(1)および(2)の手法では、共通して表層的な調査（SHODANなどの公開データベースに登録された情報を基にした脅威インテリジェンスの評価）を行っていきます。

　これらの調査メリットとしては、ウェブサービスや他サービスで悪意ある攻撃などが可能な状態でないか調査したり、業務で使用しているウェブシステムにリモートアクセス用のサービス（SSHやRDP）が公開されていて攻撃者に悪用されてしまうことなどを未然に防ぐことなどが可能になります。

　最近では、日本企業の国内外のサーバでRDPサービスが公開されていてそこから侵入された話はよく聞くようになってきました。

　この話に付け加えるのであれば、以下のようにリモートデスクトップの認証情報が売買されていることウェブサイトがあることからすでに侵入されてしまっているような環境であればここで購入をして侵害されるといった可能性も考えられます。

Mask	Country	State / City	Details			Info	Vendor	Blacklist	Price	Action
148.****.** dd Corporation	🇯🇵	Tokyo Chiyoda	OS: Win2008/7 Proc: RAM: - GB | -/ - Mbit/s	Admin: No Paypal: - NAT: -		①		BL	$ 4.00	Buy
125.****.** AKURA Internet	🇯🇵	Tokyo Chiyoda	OS: Win2008/7 Proc: Intel/Amd RAM: 2 GB | 1 / 1 Mbit/s	Admin: No Paypal: Yes NAT: Yes		①		BL	$ 4.00	Buy
22.****.** lerosoft ration	🇯🇵	Tokyo Tokyo	OS: Windows Proc: RAM: - GB | -/ - Mbit/s	Admin: - Paypal: - NAT: -			RDP 🖥 [platinum]	BL	$ 10.00	Buy
238.****.** 4ude ration	🇯🇵	Tokyo Tokyo	OS: Windows Proc: RAM: - GB | -/ - Mbit/s	Admin: - Paypal: - NAT: -			RDP 🖥 [platinum]	BL	$ 10.00	Buy

認証情報が売買されているウェブサイト

　これらの認証情報売買サイトや既存の漏洩情報集約サイトの情報に管理漏れのサーバへのログイン情報が存在した場合には、容易に侵入される結果となります。

　特に近年では管理漏れサーバと思われる外部公開されたリモートデスクトップサーバに侵入され、ランサムウェア感染するケースも増えていることから思い当たる環境があれば調査を行ってみてもよいでしょう。

5 ペネトレーションテスト

脆弱性診断とペネトレーションテストの違い

　脆弱性診断とは、構築したシステムやネットワークに脆弱性がないか項目的に確認するサービスになります。

　ウェブサイトの場合に国内では、IPA (独立行政法人情報推進機構)が出している安全なウェブサイトの作り方に準拠した内容に自社の知見なども含めた脆弱性診断項目で見るのが一般的です。

　それら以外にもOWASP Top 10など項目的なものは存在しますが、基本的に各セキュリティベンダは項目に独自の診断観点を入れるなどでカスタマイズしているため脆弱性診断の基本は項目的な確認と認識いただければ問題ありません。

日本国内のセキュリティベンダの脆弱性診断項目例

引用元 https://gmo-cybersecurity.com/service/web-application/

　では、ペネトレーションテストはなにを基準に行うのかということですが、診断項目などではなく目的（死守すべき情報資産など）を決めテストを行うことです。

　例えば、ウェブサイトへのペネトレーションテストであれば会員情報の奪取など目的を定めますし、社内ネットワークであればファイルサーバから情報奪取やデータベースから顧客情報の奪取などビジネスインパクトを考慮して目的を決めます。

　以下は社内ネットワークを評価した場合の例ですが、ペネトレーションテスト（図ではペンテスト）では社内ネットワーク全体を調査する一方で、脆弱性診断ではファイルサーバのみを評価しています。

　網羅的な診断を希望している場合は問題ありませんが、ファイルサーバからの情報奪取の脅威を把握したい場合は少し足りません。

　最近は減ってきましたが、以前はプリンタにドメイン管理者パスワードが登録されているケースなどがあり、プリンタに侵入するだけで社内システムを掌握できるケースが多々ありました。

　また、業務を行っている以上、普段の業務効率化を目的にスクリプトを書いたりマクロを書いたりすると思いますが、それらのファイルに自身の認証情報をハードコーディングしてしまっている場合に該当のファイルが攻撃者に取得された場合のリスク調査を脆弱性診断ではできません。

　社員の通常業務も含めたインフラ全体を評価できるのがペネトレーションテストの特徴といえます。

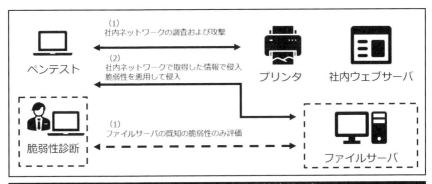

ペネトレーションテストと脆弱性診断の違い

セキュリティ投資におけるベンダ選定

　余談になりますが、サイバーセキュリティの脅威は刻一刻と進化しています。
IHAK（iShares Cybersecurity and Tech ETF）とNYFSSEC（NYSE FactSet
Global Cyber Security Index）などのサイバーセキュリティ関連銘柄のセット
売りをしている商品（ETF）の株価遷移を見ても価値があがっていることがわ
かります。

　このことから、サイバーセキュリティ市場への投資価値が上がってきている
ことは読み取れます。

IHAKとNYFSSECの株価比較

引用元 https://www.ishares.com/us/products/307352/ishares-cybersecurity-
and-tech-etf#chartDialog

これらの商品には、Oktaのようなクラウド型ID管理・統合認証サービス（Identity as a Service :IDaaS）やCrowd Strikeは複数のエンドポイント保護ソリューション（Endpoint Detection and Response：EDR）を開発および販売している会社でエンドポイントの保護を目的に近年日本企業でも多く採用されている製品の会社が含まれています。

視点を変えると、ETFのような商品セット内容を確認することで、技術的に日々の動向を追うことが困難であっても主流になりえるサービスや技術を把握することが可能です。

しかし、ここで説明したいことはこのETF商品が素晴らしいということではなく、サイバーセキュリティの関心は高くなり、攻撃者と防御者のスキルセットは日々高くなっているということです。

理由としては、防御者はEDR製品の導入により攻撃者のイニシャルアクセスの検知強化に努めますが、攻撃者は逆にEDR製品のバイパスを行うためにより多くの検証を行います。

では、読者の方々がセキュリティ診断のベンダを選定する場合にどのように選ぶべきでしょうか。

答えは簡単で「より品質が高い会社を選ぶ」ことですが、これは各ベンダの性質やサービス内容を知らなければ正直どこも同じように見えます。

そのため、多くの会社は「ブランド」「所属エンジニアの知名度」「費用」などの観点で選ぶことが多いと思います。

それぞれの観点を見ていきましょう。

ブランド

ブランドは、大手企業やシステムを開発した会社（これは信用面のブランドになる）を指します。

ブランド企業の強みは中小企業と異なり、良くも悪くも手取り足取りサポートしてくれることです。

しかし、日本企業の多くがそうであるように基本的に「稼働＝金額」であることから手厚いサポートを受けるためには多くの金額を出すことになります。

イメージとしては、確定申告を行う際に税理士を雇う場合は税理士に支払う報酬費用が必要ですが、自分で確定申告を済ませれば確定申告ソフトの費用程度で済んでしまうようなものです。

脆弱性診断の結果を自身で解決し、運用面へのサポートもできればセキュリティ対策におけるコンサルタントが不要になり、その費用は浮きますが、自身で解決できない場合はそのコンサルタント費用が必要になってきます。

また、ブランドには安心感があるため、費用に余裕がある場合は総合的な提案も可能な大手企業に依頼するケースがよく見受けられます。

所属エンジニアの知名度

所属エンジニアの知名度で依頼をするケースもよく見受けられます。

例えば特定のCTF大会で上位入賞したエンジニアや重大なCVEを複数見つけたエンジニアなどを指します。

さらに分類するのであれば、彼らがどの領域までサポートしてもらえるかも重要になってきます。

しかし、技術力が高いエンジニアを採用する場合には、どのように使うかを検討する必要があると筆者は考えます。

重要になってくるのは「運用状態も含めて見たい」のか「脆弱性のみを見たいのか」ということです。

なにかしら新しく構築したウェブアプリケーションに対して診断を希望されるケースを想定します。

このフェーズで行うべき診断の本質は脆弱性を潰すことです。これは既存の脆弱性診断で見れない範囲を見るペネトレーションテストでも、運用状態を含めて見る必要がない場合には同様の目的で行われることが多いです。

例えば、WAFが有効な場合とWAFが無効な場合でテスト（ここで指すテストとは、脆弱性診断とペネトレーションテストの両方を指す）した場合、基本的な費用計算は「稼働」であるという説明を先にしましたが、優れたエンジニアに依頼した場合にはWAFの有無に問わずテストを行うことが可能ですが、限られた稼働で最高の成果を得れるのはどちらか見れば明白です。

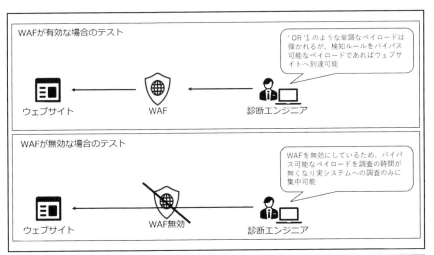

WAFが有効な場合のテスト

' OR '1 のような単調なペイロードは
弾かれるが、検知ルールをバイパス
可能なペイロードであればウェブサ
イトへ到達可能

ウェブサイト　　　　WAF　　　　診断エンジニア

WAFが無効な場合のテスト

WAFを無効にしているため、バイパ
ス可能なペイロードを調査の時間が
無くなり実システムへの調査のみに
集中可能

ウェブサイト　　　　WAF無効　　　診断エンジニア

WAFが有効な状態と無効な状態でのテスト差異

5

「より多くの脆弱性を見つけたい」という意思であれば、基本的にWAFを無効にすべきですし、WAFも込みでの運用状態を見たければ優れたエンジニアの稼働を10日使えるのであれば、8日WAFなしで行い、残り2日にクリティカルな脆弱性がWAFの有効な状態でどうなるか見るべきです。

　また、ペネトレーションテストの場合、WAFを経由しない経路などが発覚することがあるため「WAFを経由しない攻撃経路の検出」が可能かベンダに可能か相談してみてもよいでしょう。

　これは多くのベンダで脆弱性診断サービスの範囲外ですが、ペネトレーションテストのような期間内ベストエフォート型でできる特徴でもあります。

費用

　一般的にセキュリティ対策の費用は自然に捻出されるわけではありません。

　もちろん、経営側でリスクとして判断して予算に組み込まれる会社もあると思いますが、多くはプロジェクトごとにセキュリティ対策予算決まっていることが多いでしょう。

　そのため、相見積もりなどで複数の企業から提案を受けると思いますが、セ

キュリティベンダが提案した診断スコープを正確に把握しているでしょうか。

例えば、以下の図の重要サーバを対象に評価をしますが、評価方法は大きく2つあります。

・診断端末A：社内ネットワーク全体を調査して重要サーバへの侵入を行う
・診断端末B：重要サーバにアクセス可能なネットワークから脆弱性スキャンのみを行う

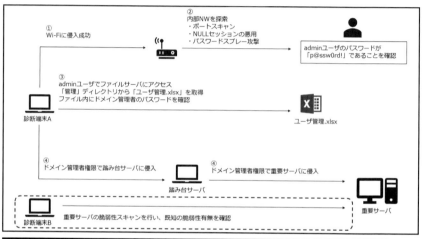

環境全体と単一システムのみのテストスコープ差異例

重要サーバの評価をしたいだけでしたが、上記2つには大きな違いがあります。

1つ目の方法は標的型攻撃などにより攻撃者が侵入したあとに行う攻撃そのものですが、2つ目の方法は脆弱性診断の範囲で重要サーバの既知の脆弱性は確認されるのみとなります。

この2つの評価方法は両者が重要ですが、重要サーバを新規設置したためその予算に組み込んでいるセキュリティ対策費用でみたい場合に費用の問題に行き当たります。

当たり前ですが、1つ目（診断端末A）の評価方法は高額になり数百万円程

度からですが、2つ目（診断端末B）の評価方法が数日で終わる作業のため1つ目の方法よりは安価に落ち着くことが一般的になります。

しかし、2つ目の方法でも1つ目の方法と同様な見せ方で提案パッケージを作り相見積もりで安く見せるベンダも存在するためベンダ選定の際には注意が必要です（※重要サーバのスキャンで見つかったexploitを打つ）。

ペネトレーションテストを受けるための準備と整理

ペネトレーションテストを行う前にいくつかの社内プロセスと検討すべき事項が存在します。

まず、ペネトレーションテストという聞きなれないサービスを経営陣もしくは上長へ提案および予算承認を得る必要があるということです。

そのためには、自社が行うことがネットワーク診断（本書だとサーバ脆弱性診断として解説している内容）ではなくて「なぜペネトレーションテスト」なのかを明確に説明をする必要があります。

そのためには、セキュリティ投資の対策としてメリットがある箇所「社員の端末が感染したことを想定して、EDRなどの製品が正しく標的型攻撃の対策として有効なのか確認したい」など目的を明確にします。

その際に、筆者の経験として検討しておいてもらいたいことが3つ存在します。

（1）一般社員と同様の設定をした端末の準備
（2）ゼロトラスト構成の場合にVPNや社内ネットワークからの開始を検討すべきか
（3）SOCなどの通達などどうするべきか

まず、(1) の一般社員と同様の設定を行った端末が必要な理由としては、通常の社員がアクセスしているウェブサイトや共有フォルダなど業務に関連した作業を調査するためになります。

アカウント設定の段階で、ペネトレーションテスト用に誤って社員に付けないローカル管理者権限やドメイン管理者権限などの高い権限の設定しないように注意しましょう。

キッティングする端末の権限レベルに関しては、社員の端末を乗っ取られることを起点として開始する場合に、よくメール業務などを行う営業社員や事務員などの端末を想定して開始することで高い権限を取得するなどがより現実的な流れになるためです。

次に、近年ゼロトラストの考え方で社内ネットワークなどを廃止していく流れが増えてきましたが、そのような環境でVPNや社内ネットワークからペネトレーションテストを開始するメリットがあるかどうかですが、一般的に社員がVPNを持っていない（一部の管理者しか持っていないなど）場合では不要になります。

ゼロトラスト環境において、VPNやオフィスに設置した端末をペネトレーションテスト時にペンテスターが持っているメリットとしては、社内の開発環境などアクセス元IPアドレスを制限している環境においてVPNや社内ネットワーク（オフィスのグローバルIPアドレス）からアクセスできて有益な情報を収集できる可能性があるためです。

しかし、VPNや社内ネットワークが存在しないゼロトラスト環境を対象にしたペネトレーションテストだと横展開の方法が限られてくるためフィッシングなどによる横展開が禁止などペネトレーションテストの禁止事項制限があり、期間が著しく短い場合には、マルウェア感染端末を2台用意して1台目がVPNなどを持たない社員を想定した端末で2台目がVPNなどを持ったシステム開発者の端末（※多くの場合、開発用にアウトバウンド用のVPNを持っている）を想定して用意することも検討してもよいでしょう。

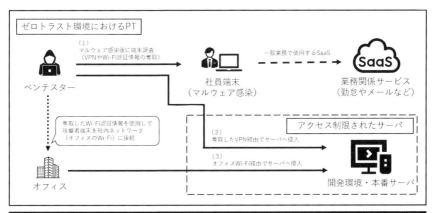

ゼロトラスト環境におけるPTの対象例

　最後にSOCへの通達ですが、これは事前に連携することが望ましいです。

　一方でSOCの対応などが見たい場合によっては検知まではSOCへの通達を行わずに実施することも可能であると考えますが、ペネトレーションテストベンダが著しく作業影響を受けテスト進行が進まない場合も考えられるため最終的にペネトレーションテスト作業の静観が可能であるかは事前に確認しておきましょう。

　例えば、横展開に使われるリモート操作関係のプロトコルはよく監視されているため、SOCに検知されたくない場合は使用することを避ける傾向にあります。

　その結果、Active Directoryの設定不備でドメインユーザであればRDP可能な端末があったとしても検知を避けるために、RDPによる横展開をペネトレーションテスト中に行わずに、ほかの方法で調査を行いレポートに「すべてのActive DirectoryドメインユーザでRDP可能な端末が存在する」可能性としての記載がされてしまう可能性があります。

　この問題としてRDPによる横展開をされた場合の実リスクを正しく評価を受ける側が把握できない場合が存在します。

　正しく把握できない例として、RDP経由で端末侵入後に権限昇格などによってローカル管理者権限を取得できた場合に該当端末で、ドメイン管理者な

どの高い権限のアカウントでプロセスを実行していた場合にスプーフィング攻撃などによってドメイン管理者権限が奪取されてしまう実リスクの検証などが疎かになることです。

　そのため、過去にペネトレーションテスト実施をしたことがない企業であればSOC未検知などの条件（実施するとしても初期検知まで非開示で、検知された場合には静観するなど）を付けず多くの脆弱性を見つけてもらい対策するほうが望ましいためSOC未検知を目的として行うことが望ましくないケースがあります。

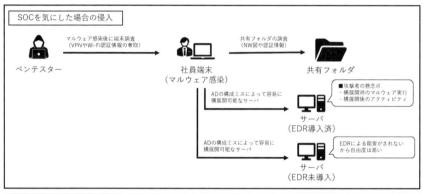

SOCを気にした場合に作業として横展開などを避けたくなるケース

　図の想定にある通り、Active Directoryの設定不備次第では横展開が容易な環境が存在します。

　そうした場合に、攻撃者は先程の図のような環境であれば間違いなくEDR未導入の端末に先に侵入を行います。

　理由として、EDRが導入されたサーバであれば、横展開及び横展開後の動き方を気にしなければならならないからです。

　横展開の検知においてはEDR製品ごとに異なりますが、マルウェア実行においても正規のプロセスが実行する際に合わせて実行されるような調整（DLLハイジャック）をしなければ検出されてしまう可能性が高いです。

　さらに、EDRが導入されている環境であれば、攻撃者は実行するコマンド

を適切に判断して実行方法自体を工夫しなければなりません。

　防御側は攻撃者側が、EDRなどと真面目に戦わないアプローチが存在していることを認識しておく必要があります。

ペネトレーションテスト

「ペネトレーションテスト」の定義はかなり広く、脆弱性診断スキャナの結果を検証するだけであったり、脆弱性診断スキャナが出したCVEの可能性をPoC（攻撃検証コード）で実証したレポートを出すだけの作業もペネトレーションテストという定義をされるケースがあります。

　これはペネトレーションテストの有効性から考えなければならないのですが、自社が保有しているサーバ（内部も含む）すべての脆弱性診断を行うことができるかというと企業規模が大きければ大きいほど非現実的なコストとなります。

　そのために、ペネトレーションテストは、自社のサイバーセキュリティ脅威に備え優先順位付けするためにも脆弱性の調査から試行までを範囲として考えて行われるケースがありました。

　しかし、この内容だと脆弱性診断ツール（Nessusのような脆弱性スキャナ）が出したCVE情報の可能性を使用して公開されたExploitコードを打ち込むだけの作業となり脆弱性診断との差異はほぼありません。

　そのため、PoCを打ち込む程度のペネトレーションテストであれば脆弱性診断ツールの精度があがってきた近年では対象範囲次第では脆弱性診断で安価に終われる可能性があります。

　簡単にまとめるのであれば、脆弱性診断は脆弱性を見つけるだけですが、ペネトレーションテストの目的としては脆弱性を悪用して脅威が実際に発生するのかを確認することに置くべきです。

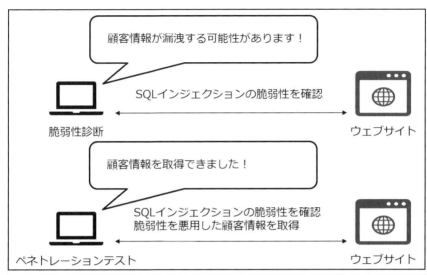

顧客情報が漏洩する可能性があります！

SQLインジェクションの脆弱性を確認

脆弱性診断　　　　　　　　　　　　　　　　　　ウェブサイト

顧客情報を取得できました！

SQLインジェクションの脆弱性を確認
脆弱性を悪用した顧客情報を取得

ペネトレーションテスト　　　　　　　　　　　　　ウェブサイト

脆弱性診断とペネトレーションテストの差異

　上記の2パターンであれば「SQLインジェクション」という同じ脆弱性を用いているので成果の差分がわかりづらいですが、ペネトレーションテストでシナリオゴール型のテストを行った場合に「顧客情報の取得」というゴール設定で脆弱性診断では低い脅威として見られるような問題を組み合わせて顧客情報を取得できることを証明したり、緻密な調査（例として、CMSプラグインの0dayを使用するなど）で顧客情報の取得ができる脆弱性を見つけ出すことなどを行います。

　ここまでの説明でペネトレーションテストも一種の自由定義であることがわかりました。

　ペネトレーションテストは自由定義であるため、ウェブアプリケーションのような固定化された調査方針を提案できるものと異なり、IoT製品のような調査方針が固定化しにくい対象や社内ネットワーク全体を考慮したセキュリティテストの場合に最適な手法です。

　次にペネトレーションテストをいくつかに分類して解説を行います。

IPベースペネトレーションテスト

社内ネットワーク全体や外部公開されたパブリックなサーバ全体などの広い領域ではなく、ある特定のシステムに対して既知の攻撃手法などを行う程度の簡易なペネトレーションテストも存在していると筆者は考えます。

そのような考え方を本書では、サーバには1つのIPアドレスが割り当てられていて、IPアドレスごとに攻撃対象として取り扱うことがあることからIPベースペネトレレーションテストと呼称します。

概要は以下の通りで、IPベースペネトレーションテストとしては既知の脆弱性を使った侵入など簡易な攻撃を行っていくようなイメージになります。

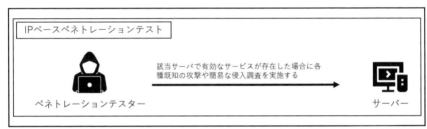

IPベースペネトレーションテスト概要図

経験者であれば、上記の考え方の矛盾点に気づくかも知れません。

矛盾点として、既知の脆弱性が存在していることが検出できるのであれば、侵入試行まで行わなくてもパッチ対応などをすればよいだけではないのかという点です。

筆者も既知の脆弱性情報（脆弱性スキャナの結果など）から修正対応で問題ないと考えますが、このようなペネトレーションテスト要望が存在する背景に「既知の脆弱性が存在した場合にそれを用いて侵入してほしい」という要望があるからだと考えます。

IPベースペネトレーションテストの場合、対象サーバ全体のサービスを調査することになるのでペネトレーションテスターの力量次第になりますが、SSH

などへパスワード推測による侵入やウェブサービス経由での攻撃など脆弱性診断との差別化要因は対象次第で出てくると思います。

そのため、顧客側は調査範囲や内容を理解していれば問題ないペネトレーションテスト内容だと思いますが、調査内容などを理解せず外部公開されたサービスがないサーバを対象にしてNessusによる脆弱性スキャン程度の作業内容でよかったサーバを対象にしないように注意しましょう。

シナリオ型ペネトレーションテスト

シナリオ型ペネトレーションテストは以下のように顧客のビジネスやITインフラ環境をベースに攻撃者の目的となりえるゴールを決めて、攻撃者はどのように侵入してくるのかまで定義を行って実施するペネトレーションテストです。

シナリオ型ペネトレーションテスト概要図

幾度となく本書では、保護すべき資産について触れてきましたが、そのような資産がサイバーセキュリティの脅威に脅かされないか調査するのがシナリオ型ペネトレーションテストになります。

シナリオ型のペネトレーションテストで重要なことは、どの観点からペネトレーションテストを行うかということです。

しかし、シナリオ型ペネトレーションテストでは攻撃者の想定が重要になり「外部（Wi-Fiやウェブサイト）からの脅威」だけで考えた場合、費用対効果がかなり悪くなる可能性があります。

ちなみに、シナリオ型のペネトレーションテストでは「シナリオ」と「ゴー

ル」という言葉がでてきますが、それぞれ以下のように認識してください。

　シナリオは「攻撃者がどこから侵入してくるか」であり、ゴールは「侵入してきた攻撃者の目的」になります。

　それでは、社内ネットワークの場合とウェブサイトの場合でシナリオ案をレビューしていきましょう。

　以下の社内ネットワークとウェブサイトの２つのパターンは費用対効果がかなり悪く、そのままの内容でペネトレーションテストをした場合、多額の金額で得られる成果がなにもないという可能性があります。

　各シナリオの不適切な点も含めて確認していきましょう。

不適切な社内ネットワークのペネトレーションテストシナリオ例

・社内ネットワークの場合（シナリオ案）

　社員用のWi-Fiが存在するもののゲスト用のWi-Fiが存在するので、ゲスト用のWi-Fiを侵入起点として社員ネットワークでさらに限られた社員しかアクセスできないサーバをゴールとします。

・社内ネットワークの場合（シナリオゴール案のダメな点）

　ゲスト用のWi-Fiがネットワーク的に社員ネットワークに一切の関係を持っていない可能性があり、例えるならばオフィス近くの喫茶店のゲストWi-Fiを開始地点としてペネトレーションテストするのと差異がない可能性があるということです。

　そのゲストWi-Fiがどのような人間がアクセスしてどのようなネットワーク制御であるか把握していて、最終的な評価として行いたいのであればネットワークのセグメンテーションが適切に切り分けられているかのテストのようなものが近い内容になってきて、ペネトレーションテストより安価に収まる可能性が高いでしょう。

不適切なウェブサイトのペネトレーションテストシナリオ例

・ウェブサイトの場合（シナリオ案）

　ウェブアプリケーションの完全に外部の第三者からアクセス可能である有効な機能はログイン機能とパスワードリセット機能だけで、ログイン後に複雑なウェブアプリケーション機能を提供しているシステムにおいて、アカウントを持たない第三者を想定して顧客情報の奪取をシナリオゴールとします。

・ウェブサイトの場合（シナリオゴール案のダメな点）

　これはウェブサイト利用者が不正をしない前提のシナリオ案ということが問題です。

　もちろん、限られた機能だけで脆弱性を見つけてシナリオゴールが達成できる可能性はあります。

　しかし、一般ユーザである利用者のアカウントが漏洩して悪用されるケースも想定できるため、ペネトレーションテストにおいて特段の理由がなければテストスコープを一般のシステム利用者ユーザまでは許容して問題ないと考えます。

　もしテスト範囲を広げることで影響範囲が変わると判断される場合には、アカウント保有者と非保有者でシナリオを分けてもらうよう提案をすればよいでしょう。

ペネトレーションテストのシナリオゴールの決め方

　簡単に解説してみましたが、実際に自社にペネトレーションテストを導入したい場合には、費用対効果があるシナリオの作成などに困惑する方が多いと思うため、シナリオ制定をするためのアイディアを整理します。

　サイバー攻撃のリスク可視化や導入したセキュリティ対策製品の有効性を検証するためにペネトレーションテストを検討する場合、どのようなシナリオ（調査方針）で進めていくか自社で決めかねるケースが存在します。

　そういった場合を想定して、筆者がペネトレーションテストを行う場合に顧客と相談して切り分けていく考え方の1つを解説します。

　まず、以下の図のように3つの工程に分類します。

　考え方の視点として、セキュリティベンダ側での視点としたため顧客という表現がでてきますが、顧客がペネトレーションテストを検討している会社として考えてください。

　1つ目の「社内おける重要資産の棚卸し」に関しては顧客のビジネスごとに情報に関する価値が変動することから顧客のビジネスモデルに沿った重要資産（顧客情報や研究データ）の優先度付けを行います。

　もちろん、優先度が高い資産をペネトレーションテストの目的に置きますが、その資産を奪取するための経路がどのように存在するのかというのも重要なポイントになります。

　単純に社員端末がマルウェアに感染したことを想定してしまうのか、ウェブサイトを侵害されて社内ネットワークへ侵入されてしまう可能性などを考慮していきます。

　2つ目に「自社インフラ環境の確認」として、ここでの重み付けとしては、ウェブサイトなどに本当に攻撃の起点となり得るサーバが存在するかなどの切り分けなども行っていきます。

　最終的に「目的の整理」として、本ペネトレーションテストの目的整理として攻撃者が「なにを欲してどこから侵入してくるか」を定義して合意します。

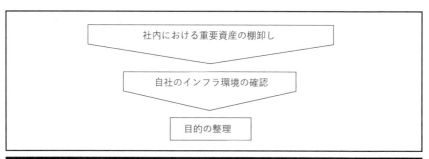

ペネトレーションテスト受け入れのための最低限の整理

　実際にシナリオを考える練習に簡単なイントラ環境の概要図を見ていきましょう。

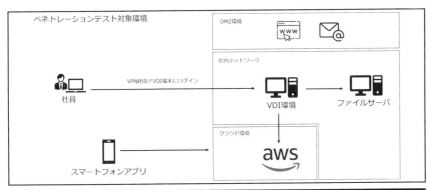

ペネトレーションテスト対象環境例

　まず、「社内における重要資産の棚卸し」ですが顧客がどのようなビジネスをしているかを知ることが重要です。

　アプリ開発をしているような会社であれば、アプリ利用者の個人情報は大きなリスクになりますし、現在ライバル企業がいない場合にはアプリソースコード（内部ロジックなど）は大きな資産価値を保有しています。

　自社の情報価値の洗い出しをしてAWS環境内にある顧客情報が奪取できるかを調査したいと決定した場合には次に攻撃者の攻撃経路を想定します。

　例えば、スマートフォンアプリを解析することで顧客情報を奪取する脆弱性を取得できる可能性があります。

　また、社員端末にマルウェアが感染した場合には開発者の端末に横展開をしてAWSのサーバにログインするための情報（踏み台サーバやSSH鍵など）を取得して顧客情報を奪取できる可能性があります。

　これらの攻撃経路を考える中で、過去にスマートフォンアプリの脆弱性診断を実施したことがある場合には社員端末が感染した場合の侵入シナリオが優先度として高くなります。

　また、アプリも過去に診断したことがない場合には、2つのシナリオでペネトレーションテストを実施することも問題ないですが、まずはペネトレーションテストより安価になるアプリ自体の脆弱性診断を並行して実施するなどセキュリティ対策予算の全体規模から適切な切り分けを行うことが理想的です。

脅威インテリジェンス型ペネトレーションテスト

脅威インテリジェンスは、サイバーセキュリティの専門家が整理と分析を行った根拠に基づいたサイバー攻撃に関する情報です。

脅威インテリジェンスを用いたペネトレーションテストを行うことで、業界や顧客ごとに安定したシナリオを提案することができるメリットがあります。

標的型攻撃を想定してペネトレーションテストを行うサービスが存在するということは、当たり前ですが特定のAPTグループの攻撃を模して評価対象へ攻撃するテストも存在します。

例えば、特定のATP攻撃グループのランサムウェア攻撃の手法が脅威と考えた場合には、そのATPグループが使用する攻撃内容としてTTPs（Tactics, Techniques and Procedures）を想定します。

TTPsという聞きなれない言葉がでてきましたが、これは戦術（Tactics）、技術（Techniques）、手順（Procedures）を組み合わせていた簡略語として「TTPs」と呼ばれています。

便利なことに初学者であってもTTPsはMITRE ATT&CKのマトリックス図の戦術をベースに分類することが可能です。

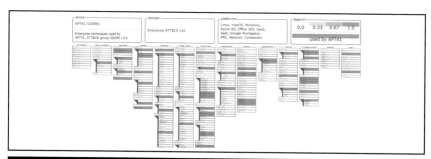

APT41が使用する主なTTPs例

引用元 https://mitre-attack.github.io/attack-navigator//#layerURL=https%3A%2F%2Fattack.mitre.org%2Fgroups%2FG0096%2FG0096-enterprise-layer.json

先ほど解説したシナリオ型ペネトレーションテストでは顧客環境をベースに考える一方で、脅威インテリジェンス型ペネトレーションテストはAPTグループのTTPsをベースにペネトレーションテストを行っていきます。

脅威インテリジェンス型ペネトレーションテスト概要図

　TTPsの定義が曖昧な状態ですが、各種TTPsがなにを指しているかについて本書では以下の通り定義します。

・Tactics：攻撃者の目的
・Techniques：Tacticsを行うために使われる技術
・Procedures：TacticsとTechniquesを実現するための手順

　例えば、攻撃者は侵入する際にC2通信を行いますが、それをTTPsで表現した場合には以下のように分類します。
　先ほどのAPT41のCommand and ControlのTacticsをベースに考えてみます。

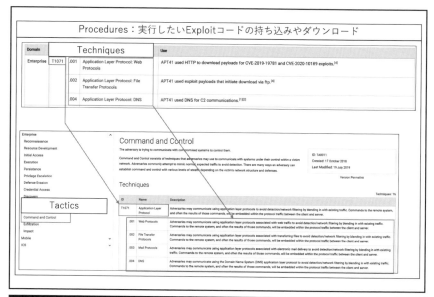

MITRE ATT&CKでTTPsの該当箇所

　Tacticsとして、攻撃者の目的を遠隔操作や感染端末で実行したいExploitコードの搬入とします。

　次に、TechniquesはTacticsを実現する実手法としてどのようなC2フレームワークやプロトコルが使えるか分類します。

　Proceduresは、実現のアクションであることからTacticsとTechniquesを合わせてCobalt StrikeのDNSビーコンで初期アクセスの確立や権限昇格用のExploitコードの搬入と実行というような定義になります。

　そのため、脅威インテリジェンス型ペネトレーションテストを行う場合には同様のプロトコルによる通信を再現して検知状況などの確認を行っていきます。

　つまり、脅威インテリジェンス型ペネトレーションテストは、レッドチームテストのような高度なカスタマイズテストとは異なり特定のATPグループの攻撃を模したサイバー攻撃を実施して、企業が導入している対策製品などにおいてどのアタックチェーンまで適切に検出できるのか評価する場合に有益なテストとなります。

　前提として性質が違いますが、レッドチームテストとの確実な差分を定義するのであれば、レッドチームは評価対象に「緩和」を行うように求めませんが、脅威インテリジェンス型ペネトレーションテストであれば評価を進めていく際に緩和しなければ進めない状況（簡単な例では、Windowsのスマートスクリーンの許可など機微ではない緩和やセキュリティアップデートの一部静観など）において適宜条件緩和を行って進めていってもよいでしょう。

　その後、イニシャルアクセス（初期のマルウェアの感染）を導入しているEDRが検出したり、マルウェアの横展開を検知した場合に適宜ベンダと情報の共有を行いテストを進めていきましょう。

　逆に、ベンダが合意した目的ゴールに未検知で到達できてしまった場合は、どのように改善を行っていくべきかベンダに質問を行い、対策していくことが脅威インテリジェンス型ペネトレーションテストの本質といえるでしょう。

　以上が本書における脅威インテリジェンス型ペネトレーションテストの説明になります。

　本書では、テスト前に手法を定義するための考え方としてTTPsを取り扱ったため、MITRE ATT&CKに準拠した考え方ではありません。

　MITRE ATT&CKのTacticsとして「Command and Control」という定義のみをしたりして細かく分類してMITRE ATT&CKに準拠するような方法もありますが、その場合はペネトレーションテスト後の分類に適した考え方だと筆者は思います。

5

情報提供型ペネトレーションテスト

「シナリオ型ペネトレーションテスト」と「脅威インテリジェンス型ペネトレーションテスト」を解説しましたが、ペネトレーションテストは自由定義の側面もあるため追加で説明しておくと「情報提供型ペネトレーションテスト」という考え方も存在すると筆者は考えます。

情報提供型ペネトレーションテスト概要図

　目的としてはシナリオ型ペネトレーションテストなどと同様に特定のゴールを達成するために攻撃を行いますが方法などが異なります。

　一般的にはペネトレーションテストベンダがActive Directory環境においてKerberoasting攻撃でドメイン管理者のパスワードハッシュ値を取得できた場合でも、そのパスワードハッシュ単体での悪用が難しい場合にはパスワードを解析できなければ悪用できないため期間内にパスワード解析ができなければ他の脆弱性などを調査します。

　しかし、情報提供型ペネトレーションテストにおいては、なにかしらの攻撃でパスワードハッシュ値を取得できた場合などに顧客との調整を行い、ペネトレーションテストベンダはパスワード解析を行わずに平文のパスワードハッ

シュを解析できた前提で再度ペネトレーションテストを開始していくような流れになります。

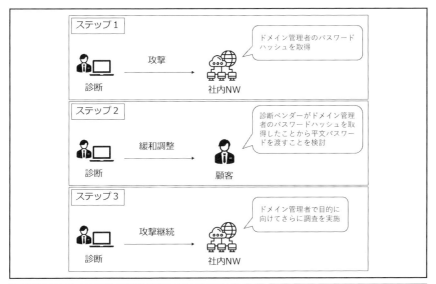

ステップ1
攻撃
診断　　社内NW
ドメイン管理者のパスワードハッシュを取得

ステップ2
緩和調整
診断　　顧客
診断ベンダーがドメイン管理者のパスワードハッシュを取得したことから平文パスワードを渡すことを検討

ステップ3
攻撃継続
診断　　社内NW
ドメイン管理者で目的に向けてさらに調査を実施

情報提供型ペネトレーションテストのステップ

　情報提供型ペネトレーションテストのメリットは、短時間のテストでシナリオ型のアプローチを採用したい一方でサイバー攻撃を受けた場合のセキュリティ対策製品の検知状況やサイバー攻撃を受けたことが発覚した場合のフォレンジックが問題なく行えるのか確認するアプローチとしては有益な方法になります。

　デメリットとしては、実際にはドメイン管理者のパスワード桁数が20桁（大文字や小文字および数字記号含む）などで安全なパスワードを設定されている場合にも緩和調整で平文のパスワードを渡すため実際のリスク値判断が曖昧になってしまうことは想定されます。

　本書で説明した情報提供型ペネトレーションテストは一種の例であり、通常の社員同様の権限や端末構成ではない環境をペネトレーションテストベンダからの依頼で最初からドメイン管理者やローカル管理者権限を渡す場合には情報

提供型ペネトレーションテストに分類されると考えます。

　筆者自身の考えとしては、ペネトレーションテストにおける業務影響への懸念で明らかにテストスコープが狭まった場合などを除けば推奨はしない考え方になりますが、テストを受ける顧客側がメリットを理解して進める場合には問題がないと考えます。

情報提供型ペネトレーションテストの優位性

　シナリオ型ペネトレーションテストの場合でも、社員のマルウェアに感染したことを想定してイニシャルアクセスができた前提などでスタートするケースが存在するわけですが、情報提供型ペネトレーションテストの優位性はどこにあるのか疑問がある読者がいると思います。

　情報提供型ペネトレーションテストの優位性としては、高い権限を持っている場合に逆順して侵入経路を潰していくことができるというメリットが存在します。

　筆者が逆順でテストを進めていく意味がある環境としては、ペネトレーションテストでは運用中の不備を攻撃するケースも存在することから新規開発され運用されていない環境などは情報提供型のペネトレーションテストを行うメリットが高いと考えます。

　とくに新規に開発された環境によっては、情報の収集や横展開などが行えないものも存在します。

　ペネトレーションテストを実施する顧客の目的としては大きく2つ存在すると考えます。

（1）本当の攻撃者の視点で重要資産への到達が可能か調査してほしい
（2）攻撃者の視点は重視しつつ、より多くの脆弱性を発見してシステム改善へ繋げたい

　（1）はペネトレーションテスト自体を過去に受けたことがありCSIRTなどの組織も持った企業が多く、（2）はペネトレーションテストを通じてセキュリ

ティ対策予算の重要性を経営者に伝えたい企業が多い認識です。

　両者のアプローチは、シナリオ型でも問題はないですが（2）を希望する企業では、ペネトレーションテストが1か0かというイメージから想定しているアウトプットになるか、不安になり発注まで踏み出せないケースが存在すると思います。

　その場合には、情報提供型ペネトレーションテストの考え方を持ちながら例えば、顧客データベースへの侵入を目的としたペネトレーションテストの場合、一定期間で情報収集が進んでいない場合や情報収集のためにAD環境だとドメイン管理者権限を先にが奪取すると思いますが、そこにも至っていない場合の緩和措置を考えて進めていくとよいでしょう。

　しかし、セキュリティベンダ側の姿勢としては情報提供型ペネトレーションテストの仕組みに甘んじてはいけないことを理解すべきであり、情報提供型の場合でも未開示で目的達成できることが望ましく、顧客から情報が開示されるということは次年度のベンダ選定で外されてしまうリスクを認識しなければなりません。

5

レッドチーム演習

　レッドチーム（Red Team）は組織内において、自組織の防御が適切に行われているかを確認するための役割です。

　注意すべきは、レッドチームとペネトレーションテストはほぼ同じ技術を用いますが、役割が異なるということです。

　ペネトレーションテストは、目的に向けて調査を行う一方でレッドチーム演習は防御評価も行う必要があります。

　例えば、レッドチームからさまざまな攻撃を受けて、フィッシングメールのブロックや社内ネットワークに不審な機器が設置されてしまった場合に撤去ができているか、最終的にレッドチーム側の目的であるゴールを達成された場合に、レッドチームが行った攻撃経路を追うことができるのか評価を行い、不足部分の強化を検討します。

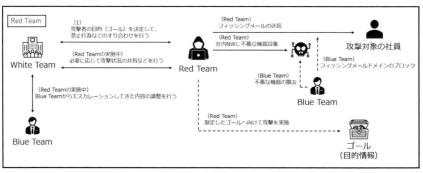

Red Team演習概要図

　例えば、Wordにマクロが含まれたファイルを標的型攻撃メールで添付した

場合、それを被害者が開いたときにEDRなどで検知できたことをブルーチーム（Blue Team）が対応できるかを評価します。

ここでブルーチームという新しい役割がでてきましたが、レッドチーム演習においては最低でも3つの役割が必要になります。

レッドチームは実践的な攻撃や評価を行うチームで、防御側のチームはブルーチームと呼ばれCSIRTやSOCがその役割に該当します。

ホワイトチーム（White Team）は、レッドチームとブルーチームの戦いにおける審判役であり、レッドチームが予め設定された攻撃範囲を超えた行動をしていないかをチェックするための監視およびテスト後の評価を実施して結果を公表する役割と持ちます。

さらに、もう1つ、パープルチーム（Purple Team）は、レッドチームとブルーチームの機能の両方を併せ持つチームで、その目的は両チームの効果を最大化させることですが、パープルチームは役割であるべきです。

そして、レッドチーム演習において、レッドチームの最大目的はブルーチームの改善方法を見つけることです。

そのため、レッドチームが見つけた問題が適切にブルーチームに伝わるのであれば、パープルチームのような専用のチームは不要ですが、そうでないのであればパープルチームの役割が必要になります。

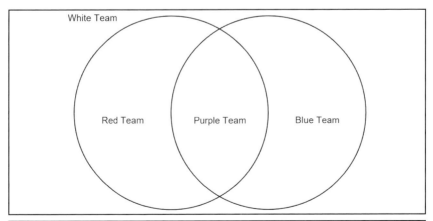

各チームの関係図

　ホワイトチームやブルーチームなど聞きなれない言葉がでてきましたが、TLPTの章ではしっかり理解しておく必要があるため簡単に概要分けを以下のようにします。

ホワイトチーム（White Team）
Red TeamとBlue Teamの調整、テスト後の評価を実施します。

パープルチーム（Purple Team）
Red TeamとBlue Teamの機能の両方を併せ持ちます。

レッドチーム（Red Team）
目的（ゴール）達成に向けて攻撃活動を行います。

ブルーチーム（Blue Team）
Red Teamの攻撃を検知やブロックします。

レッドチーム演習における各チームの概要説明図

　完全にすべてのチームを自社内で完結できる会社も存在するとは思いますが、レッドチームが存在せずにブルーチーム（SOCチームなど）が存在するような会社を想定した場合、それぞれの役割を担う会社は分かれます。

　ホワイトチームは自社の経営企画室がCSIRT（SOCと兼任していない場合）で行っても問題ないですが、最終的にテスト後の評価も行う必要性があることからコンサル会社などを使用しても問題ありません。

　パープルチームはレッドチームとブルーチームのコミュニケーションが適切に行われていない場合の促進的な役割であるため円滑にプロジェクトが進んでいる場合は特段専属のチームを設置する必要はないでしょう。

　最後に、レッドチームをペネトレーションテスト会社に委託するとして、ブルーチームは自社にSOCチームが存在するのであればSOCチームがブルーチームの役割を担います。

　テストの進行において、ブルーチームにはレッドチーム演習を行っているこ

とを開示せずに通常のアラート対応などでどこまで検知および対応できているか評価を行いましょう。

　明らかに大きな問題になりそうであれば、ホワイトチームは開示してよい情報などを調整して適宜必要なチームへの情報開示を行います。

レッドチームの懸念点

　レッドチームは「ブルーチームの改善（もしくはブルーチームの体制評価）」を目指すことからその概念上、過去何度もペネトレーションテストを実施していたような企業が対象になってきます。

　つまり、過去一度もペネトレーションテストを受けたことがない会社がActive Directoryドメイン環境に対して導入したEDR製品など含めてレッドチームを行いたいとなってしまった場合に思ったようなレッドチーム演習にならない可能性があること念頭に入れる必要があります。

　例えば、特定のファイルサーバに侵入することを目的にしたレッドチームで、社員端末への侵入に成功したペネトレーションテスターがActive Directoryの不適切な設定を使用して、ファイルサーバへの侵入に成功してしまうケースは容易に想像できてしまいます。

　難しいところで、Active Directoryを社内ネットワークに使用されているような企業ではADCS（Active Directory証明書サービス）やADFS（Active Directoryフェデレーションサービス）といった機能が使用されている会社も増えてきており、Active Directoryへの攻撃において項目化しにくい観点も増えてきているため、もしペネトレーションテストやレッドチームの前に簡易なActive Directoryの脆弱性を修正することを目的に診断を受ける場合には、診断内容を精査することを推奨します。

TLPT
(Threat Led Penetration Test)

　欧米やアジアの一部では、サイバーレジリエンス（サイバー攻撃を受けた場合に、最速で復旧して事業への影響を最小化する）の強化策の1つとして、脅威ベースのペネトレーションテスト（Threat-Led Penetration Testing：TLPT）という、従来のペネトレーションテストから目的や対象をさらに広げたテストの実施が進められています。

　さらに、TLPTの実施が先行している英国では、情報セキュリティを推進する英国の非営利団体CRESTとイングランド銀行によってTLPTを実施するフレームワークとしてCBESTが定義されています。

　CRESTよりCBESTサービスプロバイダとしての認証を受けることでより信頼性が高いTLPT実施ベンダというベンダ評価を受けることが可能です。

　それでは、TLPTとペネトレーションテストの違いはなんなのでしょうか。

　繰り返しになりますが、ペネトレーションテストの国内での定義は曖昧なところも多く脆弱性診断で発見した脆弱性を用いて攻撃を実施することだけを範囲とするベンダも存在しますが、前述したシナリオ型ペネトレーションテストや脅威インテリジェンス型ペネトレーションテストの2つの中間位置となるものがTLPTと考えることができます。

　TLPTでは、さらにシナリオ型ペネトレーションテストや脅威インテリジェンス型ペネトレーションテストのような攻撃に特化したプロセス以外に、人の対応プロセス（システムの検知をどのように扱うか、社員からのインシデント通報をどのように扱うか）を評価することも目的となります。

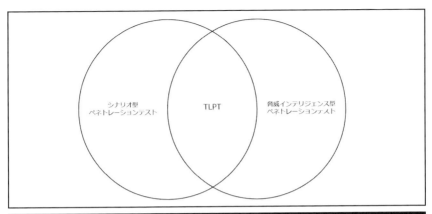

シナリオ型
ペネトレーションテスト

TLPT

脅威インテリジェンス型
ペネトレーションテスト

TLPTの範囲概要

そして、TLPTでもレッドチームという役割が出てきますが、レッドチーム演習と異なる点としてはThreat Intelligence Provider（脅威インテリジェンスチーム）が脅威シナリオの作成を行いレッドチームはその脅威シナリオに基づいたテストを行う必要性があるという点です。

しかし、脅威インテリジェンスの効果が限定的であるという課題視が記載された記事などを見かけることがあります。

これは筆者の推測ですが、外部からの脅威インテリジェンスでは内部システム侵入以降の動き方まではシナリオ定義が困難であることが原因であると考えます。

そのため、国内のTLPT実施ベンダではブラックボックス型として外部からの調査とホワイトボックス型として社内資料などを開示いただき調査をする方針で分かれている認識です。

しかし、脅威インテリジェンス（シナリオの構築）後に速やかにペネトレーションテストに移行できるかといえばそうではないため、筆者の所感では業態共通的なシナリオで実施するケースも多いのではないかと感じます。

脅威インテリジェンスとしてのシナリオ構築作成以降の攻撃においては、レッドチームで実施しているテスト内容と同等になり以下の概要図の通りとなります。

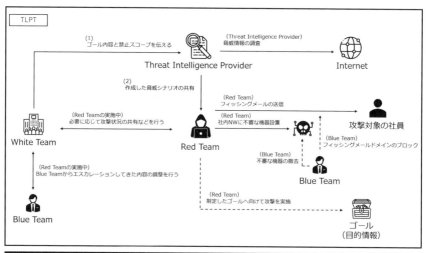

TLPT

レッドチームで出てきた各種チームの役割ですが、TLPTの場合は以下の通りとなります。

ホワイトチーム（White Team）

Red TeamとBlue Teamの調整、テスト後の評価を実施します。

脅威インテリジェンスチーム

OSINTやAPTグループの手法などをもとに攻撃シナリオの作成を行います。

レッドチーム（Red Team）

目的（ゴール）達成に向けて攻撃活動を行います。

ブルーチーム（Blue Team）

Red Teamの攻撃を検知やブロックします。

TLPTにおける各チームの概要説明図

TLPTの全体進行工程の概要は以下の通りとなります。

　基本的には、これまで解説したシナリオ型や脅威インテリジェンス型のペネトレーションテストとあまり大差はありません。

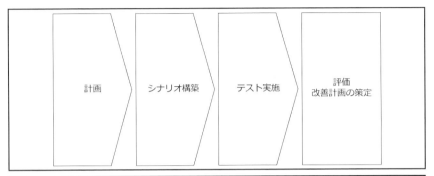

TLPTの進行工程概要

計画

　TLPTの実施計画を立て、プロジェクトチーム（責任者や担当者および報告ラインなど）とホワイトチームの設置および侵入テストのスコープを選定し、脅威インテリジェンスチームとレッドチーム選定を開始します。

　プロジェクトチームでは、金融機関内での体制の構築や前提条件の整理を行い、脅威インテリジェンスチームやレッドチームを外部から呼ぶことができるか予算の確保や確認を行います。

　ホワイトチームでは、攻撃者にとって価値のある情報資産やサイバー攻撃を受けた場合に悪影響が生じるサービスなどを確認します。

　ホワイトチームでは、攻撃者が狙う資産に加えて、脅威インテリジェンスチームやレッドチームとTLPTの実施について協議する前に自組織の侵入テスト禁止スコープなどを定義しておくとよいでしょう。

　「レッドチーム演習」の説明でホワイトチームについて簡単に説明しましたが、TLPTの場合はプロジェクト全体計画を統括するプロジェクトチームと、基本方針に従ってシナリオ構築から実施を担当するホワイトチームは役割が異なることに注意してください。

シナリオ構築

評価対象の金融機関の脅威インテリジェンスやシステム固有の脅威などを導出します。

・脅威シナリオの作成（脅威インテリジェンスチーム）

脅威インテリジェンスチームで、事前にホワイトチームが作成したスコープ範囲に従いシナリオの構築を行います。

そのために、一般的な脅威インテリジェンス（人／対応プロセス／システム）に関する脆弱性や攻撃手法や評価対象の金融機関等（金融機関が契約している外部ベンダも含む）が外部に公開している情報を調査します。

それ以外にも、ホワイトチームが設けたスコープ範囲で対象システム固有の情報開示が可能である場合、システム・ネットワーク構成資料や体制や運用（監視内容や運用手順等）の情報も取得します。

・脅威シナリオの検証（ホワイトチーム）

ホワイトチームは作成されたテストプランに基づきリスク管理計画（侵入テストで業務に与えるリスクの評価や予期しない状況に陥った場合のエスカレーション方法など）を作成します。

また、脅威インテリジェンスチームが作成したシナリオ内容が適切なものか、スコープ仕様の過不足を含め確認を行います。

テスト実施

攻撃シナリオに基づいてレッドチームが侵入テストを実施します。

公益財団法人 金融情報システムセンターが出している、「金融機関等におけるTLPT 実施にあたっての手引書」にはテスト実施前にテスト詳細計画の作成をレッドチームが作成するとあります。「行員の端末に標的型攻撃メールで侵入して、業務基幹システムへの侵入が行えないか」というテストの場合に標的型攻撃でどのようなアプローチと使うか説明することは可能ですが、行員の端

末侵入後に用いるツールをすべて説明することは困難です。

　このテスト詳細計画において、筆者はホワイトチームが作成するリスク管理計画の詳細化を補助すべくレッドチームのテストアプローチをホワイトチームに認識してもらう程度に留まると考えます。

　レッドチームの作業では、必要に応じて不適切なアクセス権限などを評価しますが、それを都度ホワイトチームに確認させてテスト詳細計画書に書き進めていけばそれが報告書レベルの情報量になってしまい、本質ではない作業にリソースがとられてしまうためテストの進行に影響する可能性があります。

　そのため緩和策として、詳細な計画書の定義はできなくてもシステム停止など機微な問題が生じないようにレッドチームとホワイトチームとの連携強化に努めることになるでしょう。

　テスト実施終了後は、テスト結果報告書を作成しますが以下の内容を含めます。

・現状の対応体制やリスクに関する評価
・侵入経路、手法の詳細およびテストで発見された脆弱性
・改善アドバイス（脆弱性の修正方法や環境インフラ全体に対する推奨など）

　その後、ホワイトチームはブルーチームの対応報告などからテスト結果報告書の最終的なとりまとめを作成します。

　例えば、レッドチームが特権昇格した場合にWindowsのイベントIDなどから特権昇格を検知していた場合に最終的な報告書に含めます。

　事前の合意形成によりますが、ブルーチームから検知があったことをホワイトチームもしくはパープルチームから連絡を受けたレッドチームがそれを報告書に記載することも場合によっては考えられます。

評価および改善計画の策定と実施

　組織内でサイバーレジリエンスの評価を行います。

　攻撃シナリオやリスク管理計画書およびテスト結果報告書の内容をプロジェ

クトチームが確認します。

　プロジェクトチームは、ブルーチームの対応の妥当性やTLPTで露見した問題の改善事項をまとめたサイバーレジリエンス評価報告書を作成します。

　その後、サイバーレジリエンス評価報告書をもとに改善計画書（改善事項の優先度や実施に必要な予算など）を作成して、経営層へプロジェクトチームがテスト結果報告書、サイバーレジリエンス評価報告書、改善計画書を報告します。

　経営層は、各報告書の承認後に必要に応じて事業計画への反映を指示します。

　TLPTに関してより具体的な資料が必要な読者は、FISC（金融情報システムセンター）が出している「金融機関等におけるTLPT実施にあたっての手引書」を参照してください。

金融機関等におけるTLPT実施にあたっての手引書

引用元　https://www.fisc.or.jp/publication/book/004197.php

6

デジタルフォレンジックとインシデントレスポンス

インシデントレスポンスと
デジタルフォレンジックの違い

インシデントとは、好ましくない事象が発生した際に使用する言葉です。

インシデントレスポンスとデジタルフォレンジックはたびたび同じ表現として用いられますが、一体なにが違うのでしょうか。

インシデントレスポンスでは、今現在なにかしらのサイバー攻撃が発生している場合に使用されるアプローチです。

例えば、マルウェアに感染した社員が複数存在して、勝手に社外にメールを送り続けられているような状況下では「なぜ、マルウェアに感染したのか」ではなくマルウェアによる不正なメール送信をすべて止めて正常な形に戻すことを目的としなければならないためインシデントを止めることに注力します。

一方で、デジタルフォレンジックは事後にインシデント発生経緯などを調査することを目的としています。

例えば、インシデントレスポンスの例では複数社員が不正にメールを送信していますが、これは複数人が同一のマルウェアに感染したのか、一人の社員端末がマルウェアに感染して横展開されたのか、横展開された場合はどのようなアカウント権限を悪用されたかなど詳細に調査を行います。

デジタルフォレンジックもインシデントレスポンスも似た技術を用いている一方で目的が異なっていることがわかります。

例えば、以下のようなインシデント例を想定してみていきましょう。

インシデント例のケースとして、「社員端末X」に標的型攻撃メールでマルウェア感染による初期アクセスに成功した攻撃者が、「社員端末A」や「社員端末B」に横展開して顧客データベースに最終的にアクセスしていることを想定します。

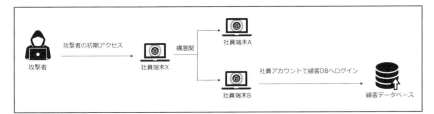

インシデント例

　上記の場合、インシデントレスポンスでは早期の攻撃者の侵入行為を止めることを目的とするので、マルウェアの通信先を確認して社内ネットワークからアクセスできないように制限をかけることが初期フェーズとなり、各種システムのパスワード再設定を行い、横展開に悪用された手法（管理者パスワードの悪用か脆弱性の悪用かなど）の分析と対応を行います。

　一方で、フォレンジックの場合は攻撃の契機となっている「社員端末X」の特定から顧客データベースが持ち出されていてどのような被害ユーザ数でどのような範囲かなどを調査します。

　一方で、現在進行形でインシデント発生が起きているような状況ではインシデントレスポンスとフォレンジック 2 つの要素が必要になるケースが存在するため、DFIR（Digital Forensics and Incident Response）という総称でサイバー攻撃の緊急対応サービスなどで提供されていることがあります。

フォレンジックの進め方

　デジタルフォレンジックにおける主な作業フローを大きく分けると以下の 4 つになります。

　この 4 つの要素で、データ分析を行うことで他の端末への侵害を初めて確認されるケースなどが容易に想定できるため、データ分析からデータ保全に戻ることもあります。

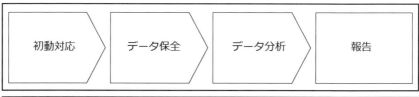

初動対応 → データ保全 → データ分析 → 報告

デジタルフォレンジックを進める上での大まかな要素

初動対応

　最初に調査の目的などを決定します。

　例えば、不正な侵入を検知しているのであれば侵入検知された端末が初期評価の端末となり、端末の保全および関連する各種ネットワークのログ（IDS/IPS製品やプロキシログなど）が環境内で取得できるものを確認します。

　また、インシデントを起こした社員が端末を再起動したりしたのか揮発性が高い情報が取得できない可能性があることを確認する必要もあります。

　インシデント発生時の端末の取り扱いにおいては、感染端末のネットワーク接続を完全に切るなどの対応でマルウェアの挙動が変わり証拠を消される可能性があるとしてフォレンジックエンジニアの意見が分かれるケースがあります。

　そのため、事前に社内でインシデント時の初期対応方針（端末の取り扱いなど）は整理しておいたほうがいいでしょう。

データの保全

　初動対応で対象として決めた各種システムのログなどを保全します。

　デジタルフォレンジックの重要な点として、電磁的証拠の保全を不適切に行った場合、その後の調査結果の信頼性を損ない裁判などでの証拠になり得ないケースも考えられます。

　法的な証拠として扱う場合、調査対象媒体のデータが改変されずに複製されていることを証明する必要があるため、対象媒体にデータ改変を与えない専用機器で保全（物理複製）を行います。

　オリジナル媒体のデータと同一であることをハッシュ値で確認した後、複製

したデジタルデータに対して証拠調査を実施します。

　データ保全に関するまとまった情報が必要な場合、特定非営利活動法人デジタル・フォレンジック研究会が出している証拠保全ガイドラインを参照してください。

1-2. デジタル・フォレンジックの状況

　デジタル・フォレンジックのプロセス全体像は、下図のように表すことができる。このプロセスの中で基本となるのは電磁的証拠の保全（Digital Evidence Preservation）の手続きである。事故や 不正行為、犯罪といったインシデントに関わるデジタル機器に残されたデータの中から、電磁的 証拠となり得るものを、確実に、そのまま(As-is)で、収集(Collection)・取得(Acquisition)し、保全(Preservation)しておくことは、デジタル・フォレンジックの運用者にとって最も重要なことである。

　この手続きに不備があり、証拠の原本同一性に疑義が生じると、後の電磁的証拠の分析結果の信用性を失うため、これを行う者は非常に神経を使うことになる。

NIST SP800-86 (http://csrc.nist.gov/publications/nistpubs/800-86/SP800-86.pdf) 等を参考に当研究会作成

証拠保全ガイドライン

引用元 https://digitalforensic.jp/wp-content/uploads/2021/05/gl8-20210520.pdf

データの分析

　取得したログデータの分析などを行います。

　端末内の分析および社内ネットワークの各種ログなど調査目的をベースに可能な限りの情報を分析します。

　また、故意に削除されたデータの復元などもこのフェーズで実施されます。

報告

フォレンジック調査の結果を報告になります。

フォレンジックの性質上、顧客の管理状況次第ではフォレンジックで有益な情報が出ないケースが存在します。

そのようなケースであれば、なぜその解析結果となり、改善としてはどのような製品やログの取得を行うべきかなどのアプローチの提供などを受けるようにしましょう。

例えば、フォレンジックを行ったことで社内ネットワークにおけるSSL/TLSの復号化が行われていないことが発覚して、マルウェアの行うHTTPS通信内容が解析できないケースなどが該当します。

ファストフォレンジックについて

サイバー攻撃はランサムウェアのように暗号化されれば気づくことが可能ですが、重要な機密データを盗み出す侵入行為などにおいてはなにかしらの検知がなければ気づくことができませんし、また検知があったとしても詳細なフォレンジックを行う必要があるのか金銭面も考慮して考えてしまうケースがあります。

そこで、ファストフォレンジック（Fast Forensics）という手法が生まれ、早急な原因究明、侵入経路や不正な挙動を把握するため、必要最低限のデータを抽出およびコピーし、解析する手法が考えられました。

ファストフォレンジックが考えられた背景として、ハードディスク容量の増大化による保全活動の長時間化や1台あたりの端末へ調査に割く時間が増えてしまう問題などを解決すべく最低限のデータ抽出および解析を短時間で行う必要性がでてきたためです。

近年のサイバー攻撃では、ファイルレス攻撃というディスクに痕跡を残さずにメモリ上にのみデータが残る攻撃手段を用いられます。

このような攻撃では、メモリ上の揮発性が高い情報を事前に保全しなければ

ならないため、Windows OSであれば、レジストリ、イベントログ、メモリなどの最小限のデータを解析して痕跡を調査します。

しかし、ファストフォレンジックはあくまで詳細調査ではないため、ファストフォレンジックによって詳細調査の必要性が認められた場合は、詳細なフォレンジック調査に切り替える必要性があります。

一部のEDR製品では、ファストフォレンジックとしても活用可能な機能が提供されており、一部のSOC監視サービスにおいては導入したEDR製品をベースにファストフォレンジックサービスまで併せて提供しているベンダも存在します。

例えば、以下のNRIセキュアテクノロジーズ株式会社の監視サービスになります。

CrowdStrike Falconを併用したファストフォレンジックサービスの提供イメージ図

引用元　https://www.nri-secure.co.jp/service/mss/edr

SOCとCSIRTの役割

　SOC（Security operations center）とは、自社のサイバー攻撃の検出および分析を行い、対策を行う組織です。

　外部ベンダに委託している場合、契約内容によって監視範囲が異なりますが、一般的にはネットワークの監視や端末の監視を行います。

　それでは、CSIRT（Computer Security Incident Response Team）という組織も存在しますがSOCとはなにが違うのでしょうか。

SOC（Security operations center）

・脅威を監視および検出する
・セキュリティ製品のアラートを分析して優先順位付けを行う
・CSIRTがない場合、SOCはインシデント管理の責任を負うこともできるが、CISRTが存在する場合にはSOCはインシデント情報などをCSIRTに連携する

CSIRT（Computer Security Incident Response Team）

・効果的かつ迅速なインシデント対応に重点を置いて対応計画を作成および改良する
・SOCから受け取ったインシデント情報などの対応を行う
・経営層への報告はCISOが行うべきだと考えるが、インシデント発生時では緊急性が高くなるため必要に応じて経営層への報告補助を行う

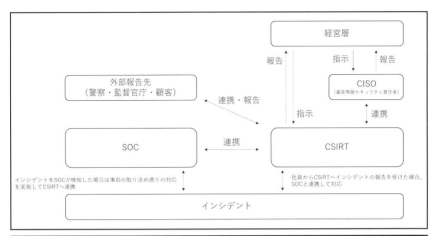

SOCとCSIRTの関係性と全体の役割概要例

　つまり、SOCはインシデントの検出に重きを置いているのに対して、CSIRTはインシデント後の対応に重きを置いているということになります。

　SOCを検討している企業は、サイバーセキュリティ対策を目的に導入すると思いますが、監視対象が増えれば増えるほどコストは増えます。

　SOCは自社で専任のエンジニアチームを構成して作ることも可能ですが、アウトソーシングしてしまうことも可能でマネージドセキュリティサービスプロバイダ（MSSP）のような一部またはすべての監視機能を提供しているベンダに依頼することも可能です。

　ここでいいたいことは、複数のSOCサービスを見積りした結果、値段だけで決めてしまうのはリスクが存在します。

　少なくとも顧客がSOCをアウトソーシングした場合に求める最低ラインの主な役割は以下の2点になります。

（1）インシデントの検知および対処
（2）脅威の発生における適切なリスクの報告

（1）は、検知したインシデントの対処でどのような対応をしなければならな

いかの助言などです。そして、（2）は検知できたインシデントにおいてより詳細な侵入行為に発展している可能性がある場合にCSIRTと連携してフォレンジックへの移行などを補助します。

　SOCサービスを契約した場合にどのように監視するかですが、契約したら即座にネットワークの適切な監視ができるわけではありません。

　SOCサービスを受ける場合、各対策製品（電子メールセキュリティゲートウェイ、FireWall、UTM、IDS/IPS、WAF、EDR、SIEM）を新規導入することも可能ですし、ベンダが対応可能な製品であれば既存の導入している製品のログを用いて監視や管理を行っていきます。

　優れたSOCを評価するベストプラクティスは存在しませんが、少なくとも契約するSOCがどのレイヤまでの監視を行ってくれるのかは評価する必要があります。

　以下、図のような業務環境を想定して、攻撃者はマルウェア感染後に正常系の通信（図の例ではSMB通信）を用いて内部調査などを行って企業インフラの侵害を目指していくとします。

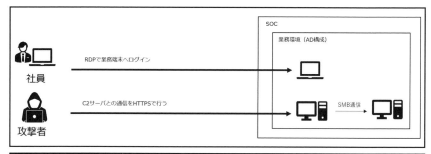

不適切な監視例

　このケースでSOCが監視しているべき対象はなんでしょうか。

　少なくとも各端末へEDRは必要になるでしょう。

　ペネトレーションテストをする中で、業務環境のサーバにEDRを導入して

いないケースを見ますが、そのような端末を攻撃者が見つけた場合、横展開を行い足場にする可能性が高くなります。

業務環境での横展開やその他の攻撃まで気にしたい場合、NDR（Network Detection and Response）製品があってもいいでしょう。

また、UTM製品による出入り口の監視およびプロキシログはインシデント後の調査を想定してほしいところではあります。

そして、上記で示した図の環境がAD構成であることから認証ログなども侵害されているアカウントを調査する際に有益になります。

ここで重要なことは、1つの製品だけですべてを補うことはできないということです。

後で解説するXDRがそのような考え方ですが、複数のセンサー（※対策製品のことを指す）情報を収集して検知および対応をしていく考え方が主流になりつつあります。

EDR導入を前向きに進めている企業でEDR未導入のサーバが存在するのか

社員が日々の業務で使用している端末ではEDRが導入されているケースが多くなってきました。

その結果、攻撃者としては下手な横展開や調査ツール郡の使用は検知されてしまいます。

攻撃者としては、EDRのバイパスも試みますが、ネットワーク上にEDR未導入のサーバを発見した場合、足場にするため横展開をすることは容易に想定できます。

それでは、なぜEDR未導入のサーバが存在するのかですが、結論としてはライセンス料金の高さなどにあると推察します。

ライセンス料金の高さから一部のWindows ServerなどへのEDR導入をしないケースなどは読者の周りでも見覚えがあるのではないでしょうか。

セキュリティ対策製品の役割

最近では、多くのセキュリティ製品やサービスが出てきました。

ここでは、代表的な製品の種別などを解説して整理します。

EPP（Endpoint Protection Platform）

PCやサーバなどを保護するエンドポイントセキュリティ製品の一種です。

検知手法として主な特徴は、定義ファイル（シグネチャ）ベースや機械学習を用いた検出を行います。

基本的に普段アンチウイルスソフトとしてインストールされているような製品がこのEPPが該当すると考えてよいでしょう。

マルウェア送付

不正なファイルがPCに保存されたことを検知

攻撃者　　　　　　　　社員端末
　　　　　　　　　　　（EPP）

EPPの検知概要図

EDR (Endpoint Detection and Response)

EPPと同じく、PCやサーバなどを保護するエンドポイントセキュリティ製品の一種です。

ユーザが利用するパソコンやサーバ（エンドポイント）における不審な挙動を検知し、迅速な対応を支援するソリューションです。

EDRの有効性として、侵入後の活動（横展開や不正な子プロセスの作成など）の監視が注目されています。

以下の例では、Wordマクロなどでファイルレスのマルウェアを実行した後に子プロセスの生成などで下手な行動をするマルウェアや攻撃者の例ですが、Windowsのプロセス関係などにも深く注目して検知を行うことなどもしてくれます。

EDRの検知概要図

IDS (Intrusion Detection System) と IPS (Intrusion Prevention System)

IDSは侵入検知システムのことであり、その名前の通り検知はするものの遮断などは行わずに静観するといったものです。

一方で、IPSは侵入防止システムであり不正な通信を検知および遮断します。

単純にIPSだけでは、誤検知による正常な通信の遮断やウェブアプリケー

ションの攻撃に対応できないため、IDS/IPSおよびWAFと組み合わせるなどの多層防御の工夫が必要となります。

　IDS/IPSは、OSやミドルウェア層への攻撃を防ぐ際に検討する対策製品となります。

UTM（Unified Threat Management）

　近年では、社内ネットワークの監視にはIDSやIPSの機能を有したUTM（Unified Threat Management）を導入によって、統合的なセキュリティ管理を導入しているのが主流となってきています。

　統合脅威管理対策製品として、さまざまなセキュリティ機能を1つに集約することで、コストの低減を図りながら、システム管理者の負担を下げることができるのがUTMのメリットです。

WAF（Web Application Firewall）

　WAFは、ウェブアプリケーションをターゲットとした攻撃に有効であり、前述したIDSやIPSでは検出できない攻撃になります。

　効果としては、ウェブアプリケーションに対する攻撃リクエストなどを検知して遮断してくれることを期待できます。

XDR（Extended Detection and Response）

　XDR（Extended Detection and Response）とは、EDR（Endpoint Detection and Response）やNDR（Network Detection and Response）などの情報を横断的に分析することで、複数の保護しなければならないセキュリティレイヤー（エンドポイント、ネットワーク、オンプレミスの環境およびクラウド環境など）において、サイバー攻撃の検知と防止を実現できるようにするセキュリティアプローチの考え方です。

XDRでは、ネイティブ型とハイブリット型と呼ばれる2種類が存在して、ネイティブ型は単一のベンダ製品で構成される一方で、ハイブリッド型は複数のベンダ製品やサードパーティー製品を統合して構成されます。

例えばMicrosoftの提供しているXDRはネイティブ型で、以下の製品を組み合わせてXDRを提供しています。

・Microsoft Sentinel（SIEM およびSOARツール）
・Microsoft 365 Defender（エンドポイント環境の保護）
・Microsoft Defender for Cloud（クラウド環境の保護）

MicrosoftのXDRサービスの例

引用元 https://www.microsoft.com/ja-jp/security/business/threat-protection

なお、センサー情報を統括するということで、従来のSIEMに近いものを感じますが、SIEMは、セキュリティ製品やプロキシなどのログを集約して分析を行うことを目的としています。

一方で、XDRはクラウドやデバイスなど各環境で検出される複数のアラー

トを紐づけて1つのインシデントとして脅威を検知およびユーザ環境やインフラ環境の保護を行うことを目的としています。

　要約するとSIEMは分析に集中していることに対して、XDRは保護などのアクションも含まれているということです。

　各種検知コンソールの情報をバラバラに見ていくことは大きなインフラ規模になれば手間になっていくため、XDRのような統括的に見れる仕組みは現状のEDR製品やSOCの導入を行った企業であれば検討してみてもいいでしょう。

すべてのセキュリティ対策製品の導入における注意点

　すべてのセキュリティ対策製品導入において忘れてはいけないことは「緩和策」であるということです。

　例えば、EDR製品はかなり優秀な製品で、多く既知のマルウェアであればある程度、検出できると思います。

　しかし、未知のマルウェアでかつEDR製品のバイパスが行える攻撃者であればマルウェア感染させた後に自由に社内ネットワークを探索できてしまうことを忘れてはいけません。

　結果として、簡単な設定ミスを悪用されてドメイン管理者権限が奪取されるケースは想像できてしまうでしょう。

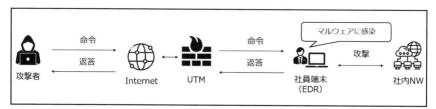

社内ネットワーク対策製品導入時に避けられないリスク

　WAF導入時も同じく注意しなければなりません、WAFを導入してもウェブサイトに存在する脆弱性は消えないということです。

　WAFの導入も緩和策であり、脆弱性の発見がされてしまいWAFのバイパス

が可能であった場合にはその脆弱性で行えること（SSRFなどでAWSの認証情報が抜かれてしまうケースなど）を実行されてしまいます。

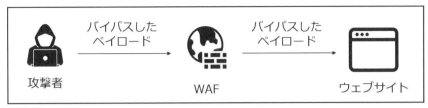

WAF導入時の避けられないリスク

　EDRやWAFを含めて、セキュリティ対策製品は究極論で緩和策でしかなく脆弱な環境は対策製品を導入したとしても脆弱であり脆弱性は消えません。

　各種セキュリティ対策製品導入の前には一定の脆弱性を取り除く作業（脆弱性診断かペネトレーションテストなど）を行い、環境自体を安全にしてから取り組みましょう。

6

セキュリティエンジニアの目指し方

7

学習方法

学習のライフサイクル

　セキュリティエンジニアを目指すきっかけはさまざまあると思います。

　筆者のように学生時代にセキュリティキャンプのような取り組みに触れて目指す職業がセキュリティエンジニアであるようなケースもあるでしょうし、インフラ担当者は開発者としてキャリアを構築している途中でセキュリティエンジニアへのキャリアチェンジを目指すケースもあると思います。

　新しくサイバーセキュリティの世界に入られる方々に向けて筆者なりの進み方を簡単に解説します。

　まず、認識しなければならないことはインフラや開発エンジニアにも流行りがあり学習のライフサイクルがあるように、セキュリティエンジニアにも学習のライフサイクルがあり、セキュリティエンジニアとして脆弱性診断エンジニアやセキュリティコンサルタントになったとしてもこの学習サイクルを行っていかなければならないということです。

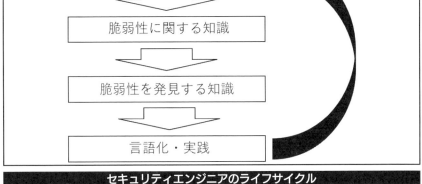

基礎的な知識

脆弱性に関する知識

脆弱性を発見する知識

言語化・実践

セキュリティエンジニアのライフサイクル

　まず、「基礎的な知識」というのはWindowsやLinuxのような一般的なオペレーションシステムの操作が初学者には該当します。つまり、今後、攻撃対象になるシステムの仕組みを知るということです。

　そして、「脆弱性に関する知識」というのはWindowsだとどのような権限昇格の方法があるのか、XSSのような脆弱性がなぜ発生するのかということを知ることです。

　これらを知らずに、脆弱性診断やペネトレーションテストを行った場合に顧客に適切に説明できないという状況に陥るため重要なプロセスになります。

　そして、「脆弱性を発見する知識」として脆弱性診断やペネトレーションテストの本質は脆弱性の知識を有していることではなく、顧客環境の脆弱性を見つけるということになります。

　そのため、実際に自分で検証環境を構築して脆弱性の検証をしてもよいですし、後述しますが、オンライン学習環境が近年充実してきているため、そのような環境を活用して脆弱性を見つけたり悪用される技術の向上に努めましょう。

　最終的には「言語化・実践」になり、ここが一番重要なポイントになります。

　特定のコミュニティに対外的な発表をしてもよいですし、部下に教えるでもよいですし、他者に伝えるために言語化したり資料化することを行いましょう。

　他者に伝えるために実際に整理することで、自分の理解が疎かである点などが明確になり、より深く調べ直すきっかけになります。

　ここまでのステップを実行できれば、次の知識をつけるために別レイヤを初期工程から必要に応じて実施していくだけになります。

筆者の言語化アプローチの失敗と成功の余談

　当時、IPUSIRON氏の編集であったMAD氏（筆者のすべての書籍の編集担当者でもある）に「100ページぐらいまともに原稿を書いてみてください、頭おかしくなりますから」という煽りを受けて書いたものが以下のウェブ公開されている原稿になります。

　当時は就職活動一歩手前の学生だったこともあり、この原稿で就職活動を乗り越えたのはよい思い出です。

　なお、130ページの原稿を面接で印刷して持参して読んでもらおうとしたのでドン引きしてご縁はなかった会社もありました。

最初に書いた原稿

引用元 http://ruffnex.net/kuroringo/pdf/Hack.pdf

　結ばれない縁もあれば結ばれる縁もあるということで、筆者の学習スタイルが執筆活動を通じて学ぶというスタイルであるため、そのあとデータハウスの編集者と3冊の書籍を執筆しました。

　あとは、そういった執筆活動を通じた講演活動でデモンストレーションを求められるケースがあったため、脆弱な機器を必死に探すというよくわからないことに20代の前半は消費していました。

　単純に執筆もせず講演活動もせず技術を勉強だけして行くことも誤りではないでしょうし、私が見てきた限りではそういった人のほうが成長速度が速い傾向にあるのでテクニックだけを学び脆弱性を見つける作業のみ行うというのも素晴らしいことだと思います。

情報収集の場所を拡張していく

　エンジニアとして頑張っていくためには、情報収集する場所を拡張していくことはかなり重要です。

　これは、インターネット上で収集できる情報もそうですが、オフラインのコミュニティ活動も含まれます。

　筆者がやっていた情報収集は大まかに以下の三通りです。

（1）Twitterで優秀なエンジニアをリスト化
（2）定期的に記事が掲載されるウェブサイトの収集
（3）コミュニティの作成

　まず、（1）のTwitterを利用した情報収集は一番手軽であるため初学者でも実施できている人が多いでしょう。

　ただし、Twitterは日々の生活情報を投稿することからゴミのような情報が多く含まれるケースが多々あります。

　そのため、有益な情報（セキュリティ関連のみ）のツイートとリツイートだけ積極的なアカウントなどを筆者の場合はリスト化してウェブアプリ系やマル

ウェア開発者系など要件ごとに分けています。

　いきなり完全なリストの作成は困難であることから有益な技術ツイートなどが多い会社やユーザのアカウントを監視して興味深いツイートがリツイートされたら、過去技術系のツイートが多いアカウントかを切り分けて増やしていくような運用を推奨します。

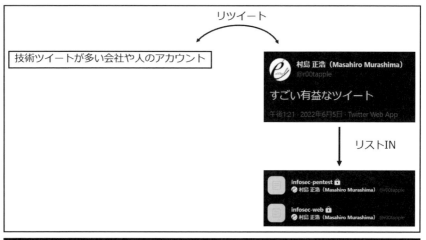

Twitterのリスト構築していく例

　そして、（2）は定期的な記事が掲載されるウェブサイトの収集です。

　筆者の場合は、かなり昔から先知社区というウェブサイトの閲覧などはしていました。

　理由として、総合的な記事掲載が多いため、自分がアンテナを張っていない技術カテゴリなども掲載されるため完全に興味関心が薄かったカテゴリなど見るきっかけになります。

先知社区のウェブサイト

　あとは、補足として興味深いredditを見ることで、例えば「Red Team Security」のRedditを見ることで新しくC2フレームワークがオープンソース化されたり、Cobalt Strikeの面白い使い方などTwitterリストで漏れた情報などを拾うことができます。

　とくに重要なことは、技術的な関心が業界において今どこにあるのか中央値を知ることもできることも重要でしょう。

Red Teamに関するreddit

最後に（3）ですが、コミュニティ活動です。

筆者は過去にIoTSecJPというコミュニティを作成してさまざまな技術を持ったエンジニアの方々が登壇してもらえる場の運営などをしておりました。

これは日本国内において、IoTに対する攻撃アプローチを調べることが困難であることから無線系の攻撃アプローチが詳しい方やハードウェアへの攻撃アプローチが詳しい方などが集まることで技術的な話が集まり自分自身が勉強になるのではという思いから始めました。

IoTSecJPのConnpassページ

引用元 https://iotsecjp.connpass.com/

結果として、同じくデータハウスで『IoTソフトウェア無線の教科書』を執筆された上田亮介氏にもIoTSecJPで出会い、彼が得意とする書籍を執筆いただいたこともあり、今まで日本語で簡単に知ることが困難であった無線セキュリティに関する書籍『IoTソフトウェア無線の教科書』ができたこともこのコ

ミュニティ活動の成果といえるでしょう。

　つまり、自分が0から調べて行くにはインターネット上の情報の開示レベルから困難なケース（※一定のレベルになるとペネトレーションテスト的な知識ではなく、そのレイヤの開発レベルの知識が必要になる）でコミュニティ化して多くの方の知見が交換できる場所は有益な情報収集の手段になるということです。

アウトプットの重要性

　アウトプットをするためには、当たり前ですがインプットを行う必要があります。

　つまり、世の中の企業のブログ記事や個人ブログを通して基本的には執筆主がインプットした情報を言語化したものを私たちは見ていることになります。

　とくに重要なことは、インプットの段階で疑問を感じることになります。

　例えば、なにかの攻撃に関する記事を記載したい場合には対策を記載することで攻撃にしか興味がない読者層と対策にしか興味がない2つの読者層に興味や関心が持たれる記事を書き上げることが可能となります。

　そして、攻撃面だけを見ていた場合には攻撃条件を疎かにしてしまうことがまれに存在します。

　例えば、Active Directoryのペンテストでms-DS-MachineAccountQuota（ユーザーがドメインに参加できるワークステーションの数に対する既定の制限）の設定を悪用してマシンアカウントを追加する攻撃を行った場合に、デフォルトでは10台のマシンアカウントを登録できるため攻撃者は即座にマシンアカウントの作成及びマシンアカウントを活用した攻撃が可能になります。

　一方で、これを対策する場合にはマシンアカウントを追加する専用のアカウントを用意するかなどの運用面を考慮した選択肢が発生します。

　攻撃面にしか興味がない場合には、攻撃条件を疎かにしてしまう可能性がありますが、実際にアウトプットのために検証環境を作成して攻撃および修正を行うことで1つ高い知識レベルにもっていくことが可能だと考えます。

7

ウェブへの攻撃を学ぶ方法

　セキュリティエンジニアを目指すなかで、最初の入り口となるのは、ウェブの脆弱性診断士になるケースが多いでしょう。

　もちろん、未経験からセキュリティエンジニアに転職したい場合も一番の入口として受け入れしてもらいやすいのもウェブの脆弱性診断になると思います。

　これはウェブの脆弱性診断が簡単であるといっているわけではなく、日本国内においても案件の引き合いが多く、流動性も高い（転職や他事業への異動など）ため新規の受け入れ態勢が整ってるケースが多いことを指しています。

　受け入れられる割合が多かったとしても、すべての希望者を採用できるほど企業体力がある会社は存在しないため、ある程度のスキルセットを持ち合わせたうえで検討することが望ましいでしょう。

　それでは、初学者はなにをベースに学んでいけばいいのかということですが、ウェブの脆弱性診断でよく使用されるBurpの使い方を学ぶためにもPortSwiggerのWeb Security Academyを挑戦してみるとよいでしょう。

　これは無料で挑戦することができるため、ウェブ脆弱性診断のイメージをつかむためにも最適な入口となります。

　しかし、Burp Suite Cummunity Edition（無償のBurp）では難しい問題がでてくるため途中でProfessional Editionに切り替えることを検討しなければならないフェーズがでてきますが、脆弱性診断ではProfessional Editionで使える機能を診断で使用したりするため知識の幅を広げることも視野に入れると検討して購入してもいいでしょう。

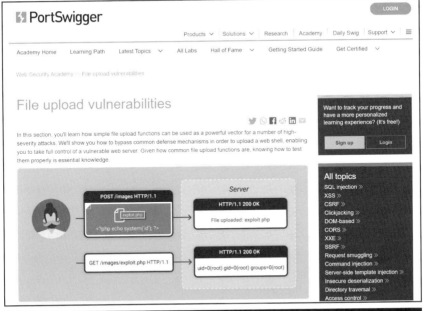

PortSwiggerのWeb Security Academy

引用元　https://portswigger.net/web-security/sql-injection

　簡単にラボの使い方を補足しておくと、上記、図のファイルアップロード系の脆弱性ラボを検証したい場合には、以下のように説明から試みたいラボを選択して行くことでラボ環境を立ち上げることが可能です。

　ラボへの挑戦には、PortSwiggerのアカウントでログインする必要があることに注意してください。

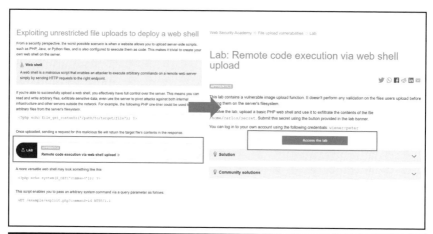

PortSwiggerのWeb Security Academyのラボ環境の立ち上げまで

　立ち上げた後は説明文にある通り、ログインするクレデンシャルなどが渡されていればログインを行い指定されている脆弱性の見つけ方を学んでいきます。

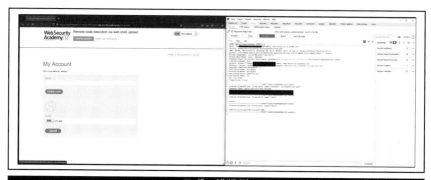

ラボの挑戦例

　最終的にはフラグをサブミットしてそのラボの講習が終了となります。

取得したフラグをサブミットして終了

　このような流れでSQL InjectionやCSRFなどのウェブアプリケーションの脆弱性を見つける方法を学んでいくことでウェブアプリケーションの脆弱性診断エンジニアになるための土台を作り上げることが可能となります。

ネットワークへの攻撃を学ぶ方法

Active Directoryへの攻撃を学ぶ

　脆弱性診断の基礎的なところを勉強して、さらなる学習意欲がある場合には自身の次のステップを検討するときがくるでしょう。

　そのステップとして、社内ネットワークに対するペネトレーションテストの経験を学びたいというケースが近年増えているように見えます。

　最近の新しい会社であれば、ゼロトラストのような考え方になりアウトバウンド用のVPNだけを保有して、残りはSaaSを活用した環境なども増えており、Active Directory（略称：AD）などを使用していない会社も多くなってきています。

　しかし、多くの企業がAD環境である国内においてADのペネトレーションテスト技術は持っていなければならない技術であることは変わりありません。

　ADに対する攻撃を学ぶ際には自身でWindows Serverから構築していくことも理想的ですが、初学者向けに網羅的に学ばせるラボ環境も複数あるため、それを使用することを推奨します。

　例えば、PentesterAcademyの「Attacking and Defending Active Directory Lab」などが該当します。

　これは、初学者向けの練習ラボとして開発されたものでテキストも充実しており入口としておすすめします。

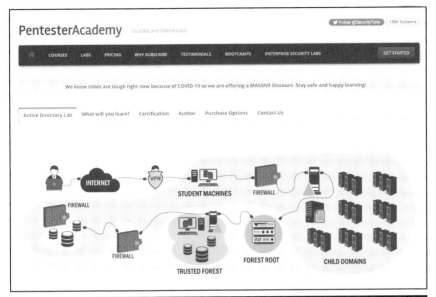

Attacking and Defending Active Directory Lab

引用元 https://www.pentesteracademy.com/activedirectorylab
引用元 https://www.pentesteracademy.com/redteamlab

　もし、上記のラボを完了してさらに挑戦をしたい場合には、同じく
PentesterAcademyにある「Red Team Lab」に取り組んでみてもよいでしょう。

　逆に、一般的なAD環境に対する攻撃についてよりADの攻撃ケースを勉強し
て検知について学びたい方も多いと思います。

　その場合には、自身で環境開発しなければなりませんが「DETECTION
LAB」という環境がおすすめになります。

　Windowsのイベントログの解析などの経験は有益な知識となるため、
PSEXECの横展開時やMimikatzなどのツール実行時にどのようなイベントロ
グが記録されるのか検証してみてもよいでしょう。

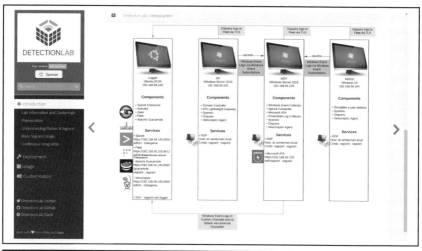

DETECTION LAB

引用元 https://www.detectionlab.network/

クラウドへの攻撃を学ぶ

　クラウド脆弱性診断をしているエンジニアでも、AWS、Azure、GCPという3大クラウドサービスをすべて精通しているエンジニアは数が少ないでしょう。

　そのため、初学者がいきなりクラウド環境のセキュリティ知識を学ぶ場合には情報量が多いAWS環境から学ぶことが多いと思います。

　筆者も以前は、AWS環境の脆弱性を学ぶために、RhinoSecurity社が出している脆弱なAWSデプロイメントツールであるCloudGoatを使用して学んでことがあります。

CloudGoatのGitHubページ

引用元 https://github.com/RhinoSecurityLabs/cloudgoat

　CloudGoatで完璧に学べるわけではないのでクラウド環境への攻撃手法として、AWS CLIの扱い方および最低限の操作（ポリシーの見方など）を学び後は実践という形になってしまうと思います。

　実際に顧客のクラウド環境をペネトレーションテストをしている際には、ポリシーが複雑でなぜこの攻撃が通っているのかわからないという状態が発生するケースもあるため、自分で同じようなAWS環境を構築して検証するような必要があったりします。

　後は、どこまで投資していくのかという形なので興味があるレイヤの有償トレーニングなどを受けて行きハンズオン形式で知識を高めて行く必要があります。

　最近ではかなりの有償トレーニングが出てきており、例えばAppsecengineer
というウェブサイトではAWS以外にもKubernetesのセキュリティトレーニン
グを提供しているなどクラウドセキュリティからDevSecOpsまでさまざまな
知識を学ぶことが可能です。

Appsecengineerの有償トレーニング

引用元　https://www.appsecengineer.com/

総合的な攻撃を学ぶ方法

オフェンシブセキュリティ社の資格で学ぶ

　ここまでカテゴリごとにおすすめのトレーニング環境を紹介してきましたが、総合的に脆弱性を攻撃する考え方を身につけたい場合にはOSCPが初学者の最後の入り口となるでしょう。OSCPはオフェンシブセキュリティ社の資格であり、テキストとラボ環境が提供される有償のトレーニング資格です。

　トレーニング自体を一定の期間購入して、トレーニング終了後にオフェンシブセキュリティ社が提供する試験に合格することでOSCP保有者としての資格をもらうことができ、このトレーニングを初学者が行う場合には、より多くの時間を使うことが理想であるため、学生であれば長期休暇に合わせたり、社会人であればゴールデンウィークや年末年始にトレーニングに長時間集中できる期間に進めることをお勧めします。

OSCP

引用元　https://www.offensive-security.com/pwk-oscp/

　最近のOSCPのラボにはActive Directoryも追加されており、試験にもAD環境が含まれるようになったことから先ほど紹介したPentesterAcademyをAD環境の理解が浅い場合には補足して取り組んでもよいでしょう。

　また、OSCPのような資格になるとチートシート（試験やラボ環境で使用したコマンドリスト）がインターネット上で共有されており、ほかの人がどのようなコマンドを使用しているのかなどの学びとして参考にしてもいいでしょう。

　ただし、OSCPやオフェンシブセキュリティ社のほかの資格に共有していえることは、その試験の本質としては資格の合格は大変重要ですが内容の理解を優先すべきであり、他の人のチートシートなどは1つの参考であり、自身でチートシートの作成を行い試験に挑むことをお勧めします。

　単純にチートシートでなくても、ペイロードや調査などの自動化スクリプトなどを構築することも、このようなラボ環境の重要なプロセスだと思います。

オンラインラボや他人のコマンド操作などで学ぶ

　最近は自分の手元でVirtual Boxなどの仮想環境で「やられマシン」を立ち上げて攻撃を学ぶような手間もなくなり、オンラインラボにVPN経由でアクセスして攻撃を行うような環境が主流となってきました。

　とくに、最近の流行りであればHack The Box（https://www.hackthebox.com/）かTry Hack Me（https://tryhackme.com/）が主流です。

　Hack The Boxの例だと、リタイアマシンであればマシンの攻略方法が開示されており、どのような方法で進めていくか答え合わせしていくことが可能となります。

　数年前まではActive Directoryのペネトレーションテスト経験を得る機会が少なかった印象ですが、近年であればこのようなオンラインラボで誰でも手軽に社内ネットワーク系のペネトレーションテスト技術を学ぶことができるため興味がある方は取り組んでみてください。

　リタイアマシンへのアクセス権などは有償プランを契約する必要があるものの、その価値は十分にあると考えます。

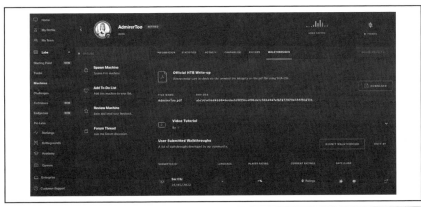

Hack The Boxのリタイアマシン一例

引用元 https://www.hackthebox.com/

　例として、上記のマシンを立ち上げるにも1クリックで環境の立ち上げが可能になります。

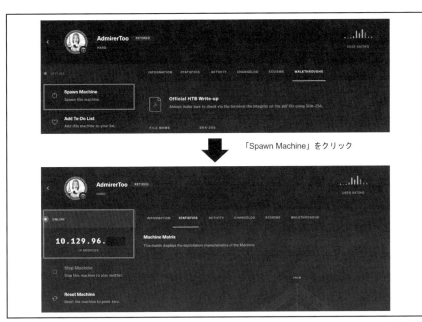

「Spawn Machine」をクリック

学びたいリタイアマシンを選択して起動

　Hack The Boxではペンテスター側のラボ環境もブラウザで立ち上げウェブ
ブラウザだけで進めることも可能ですが、筆者は自身の仮想環境を使いたいた
めOpenVPNファイルをダウンロードしてアクセスを行いました。

　OpenVPN経由でペネトレーションテストのラボ環境へアクセスすることは
一般的なので、ここで慣れておいてもよいでしょう。

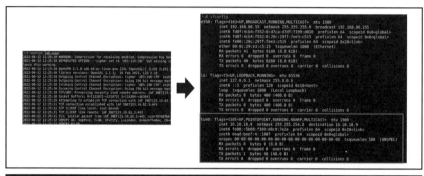

Hack The BoxのOpenVPNへ接続

　OpenVPNでの接続を行い、ifconfigコマンドを行った結果tun0というネット
ワークインタフェースが立ち上がってIPアドレスが割り当てられていることを
確認できます。

　ここまでくれば初期セットアップは環境で、先ほどリタイアマシンを選択し
て起動した際に表示されているIPアドレスへ攻撃を行っていくことになります。

**リタイアマシンを立ち上げて正常にラボマシンへの攻撃が
可能な状態であることを確認**

　上記はリタイアマシンであり、すでに進め方がオンライン上に開示されているため、本書では具体的な進め方を解説しませんが、併せて触れておきたいのがIppSecのYoutubeチャンネルです。

　自分自身の操作以外に他者のコマンドライン操作などは大変貴重な情報になります。

　ターミナルをどのように使っているのか、特定のツールオプションなど自分自身の手法に満足がいっている状態であっても、他者の操作を見て学ぶことはとても多いためIppSecを中心に他の解説者の動画などを時間が許すのであれば見ておきましょう。

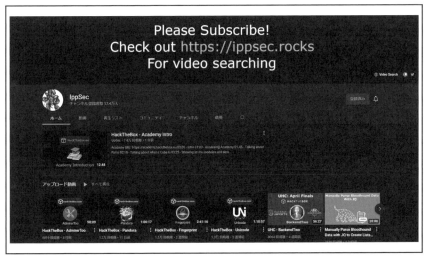

IppSecのYoutubeチャンネル

引用元　https://www.youtube.com/c/ippsec

脆弱性を見つけて CVEを取得する （情報セキュリティ早期警戒パートナーシップの活用）

　最近では、セキュリティ企業も複数社存在しており競合他社が多くなってきています。

　企業ごとに特色をだすために各社頑張るわけですが、その中でCVEの取得などで社会的な貢献も含めて積極的な活動をされる会社も複数あります。

　ペネトレーションテスターの一般的な求人条件は以下の通りです。

必須スキルに含まれている傾向が高いもの

・脆弱性診断の実務経験

・ペネトレーションテストの実務経験

・インフラ管理やシステム開発に関する経験

望ましいスキルに含まれている傾向が高いもの

・バグバウンティの実績や運用側の経験

・CVE取得実績

・OSCP、CISSP、情報処理安全確保支援士などのセキュリティ関連資格

・顧客調整やチームマネジメントの経験

　完全な未経験でペネトレーションテスターになりたい場合には、圧倒的な望ましいスキルを保有している必要があります。

　しかし、必須スキルのいくつかと望ましいスキルを組み合わせることで応募して選考に進むだけの材料を揃えていくことは現実的に可能です。

　バグバウンティの場合、一部プライベートバグバウンティから一般に切り替わって公開されるケースなどがあったり、そもそも公開時により経験値が高いエンジニアが見つけてしまって脆弱性を発見できないケースなどは容易に想像できますが、CVE取得に関しては特定のIoT製品を購入したり、オープンソースのCMSなどに対して時間が許す限り調査することが可能です。

　脆弱性を発見した場合には、ベンダのCSIRT窓口に直接報告するケースとIPA経由でベンダに報告するケースが存在しますが、慣れていない場合はIPA経由で報告するようにしましょう。

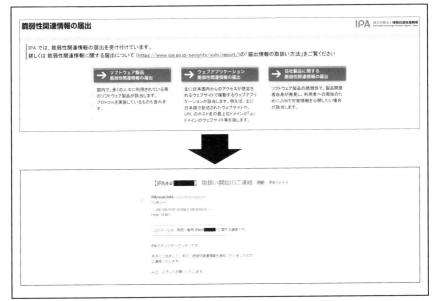

IPAへの脆弱性報告例

　脆弱性報告後に報告した問題が脆弱性であると認定されベンダ側の対応が終了すれば、CVEの割り当てと一般向けに脆弱性が存在したこととアップデートするようにという記事が公開されます。

　異業種から脆弱性診断業務に転職したいケースなどでもCVE取得実績の経験は高く買われるため興味がある読者は挑戦してみてください。

　一方で以下の点に注意してください。

・第三者が管理するウェブサーバへ許可を受けずに攻撃を行う
・IoT機器の掌握に成功して暗号化されたソースコードなどを第三者が閲覧できるように開示する
・開示前に脆弱性の情報を公開する

　以下は、脆弱性を見つけて報告する際にマナー的な点で転職活動時に損失を生む可能性を避けるための注意点になります。

・公にベンダ批判を行う
・オープンソース開発者や製品開発者へのリスペクトを忘れない

総括

　ここまで駆け足で筆者なりの考え方や学び方を伝えてみました。

　最後のまとめとして思考を整理します。

有償トレーニングを受講したものだけが勝つのか

　簡単にまとめるとセキュリティエンジニアを目指す場合には、お金を使って近道（有償トレーニングを受講）をするか、地道に環境を0から構築し、公開されている文献通り攻撃を検証していくという2パターンが存在すると考えます。

　筆者としては、その2つのアプローチのよい面をそれぞれ取ってもらいたいです。

　有償トレーニングは時間を短縮化して要点を学ぶことが可能ですが、脆弱性診断やペネトレーションテストの対策を記載する際に検証をしなければ適切に伝えきれない内容があることから脆弱な環境を作る努力と修正をする努力ができると有償トレーニングを受けただけのエンジニアより優れたエンジニアになれるでしょう。

脆弱性診断士とペネトレーションテスターどちらを目指すべきなのか

　業務内容でいくと脆弱性診断士よりペネトレーションテスターのほうが上位職のような話を聞きますが、ペネトレーションテスト単体の業務経験しかない場合にはペネトレーションテストの需要がなくなった場合に対応できる業務がなくなってしまうため脆弱性診断の知識も頭に入れておく必要があると筆者は考えます。

　ペネトレーションテストでは、顧客に適切な診断アプローチを説明する必要があったり、提案という形で話すことからビジネス用語として基本情報処理技術者試験程度の内容は必要になるため、資格取得が必須ではないですが、時間がある学生の方はムダと考えて切り捨てずにテキスト内容を通読する程度は行っておくと役に立つでしょう。

　また、筆者は過去に脆弱性診断の経験も多少ありますが、ペネトレーションテストは要件整理から行っていくことから侵入や攻撃という華やかな行為の前にかなり緻密な顧客調整作業が必要だったりします。

CTFは学習に有効なのか

　間違いなく有効で、日本の名だたるエンジニアをCTF経験者が多い印象にあります。

　最近のCTFは難易度がインフレしていると聞きますが、入門者向けのCTFとしてPicoCTF（https://picoctf.org/）はよく見聞きするため、CTFに興味がある方は調べてみるとよいかも知れません。

　また、国内だとkusano（@kusano_k）氏が運営するksnctf（https://ksnctf.sweetduet.info/）を調べてみるとよいでしょう。

脆弱性の報告レポートや脆弱性報告書の重要性

　セキュリティ業務において一番重要なことは発見した問題を顧客に適切に伝えることだと筆者は考えます。

　学生向けの大会でも報告書執筆が必要なものが存在しているぐらいなのでセキュリティ技術の次に重要だと言えるでしょう。

　海外のものになりますが、GitHubなどにパブリックな報告書をまとめたレポジトリなどが存在するので記載の流れは目を通しておいてもよいでしょう。

　気になる読者は「public-pentesting-reports」などで検索してみるとよいでしょう。

参考記事

- NIST SP 800-171とは

  https://www.manageengine.jp/solutions/nist_publications/nist_SP800-171/lp/

- NIST SP800-171

  https://www.nri-secure.co.jp/glossary/nist-sp-800-171

- PCI DSS Penetration Test Requirements

  https://www.pcidssguide.com/pci-penetration-test-requirements/

- CIS Benchmarks

  https://www.nri-secure.co.jp/glossary/cis-benchmarks

- Center for Internet Security (CIS) ベンチマーク

  https://docs.microsoft.com/ja-jp/compliance/regulatory/offering-cis-benchmark

- 金融機関等におけるTLPT実施にあたっての手引書【PDF版】

  https://www.fisc.or.jp/publication/book/004197.php

- ASVの役割と定期的なテスト

  https://www.intellilink.co.jp/column/pcidss/2011/090700.aspx

- 徳丸浩の日記

  https://blog.tokumaru.org/

- piyolog

  https://piyolog.hatenadiary.jp/

- Security Akademeia

  https://akademeia.info/

- 金融機関等におけるTLPT実施にあたっての手引書

  https://www.fisc.or.jp/publication/book/004197.php

あとがき

本書を最後まで読了いただき誠にありがとうございました。

本書は技術書みたいな読み物といった雰囲気だったかと思います。

本書では、サイバーセキュリティを将来、仕事にしたい学生やサイバーセキュリティ関係の依頼を行うために各種調べている読者向けに執筆しました。

おそらく、新興のセキュリティベンダでもなにか得られるものはあるのではないかと信じています。

『ハッカーの技術書』を出したあたりでは脆弱性診断とペネトレーションテストの実施割合が50%程度でしたが、最近ではペネトレーションテスト（主にシナリオ型）が主な対応範囲になります。

今回は、とくにペネトレーションテスト文化の自由定義に課題を感じたため、筆者の経験や見聞きした内容をベースに言語化をしました。

そういった箇所においては、新しく企業がペネトレーションテストサービスを作る際に有益な情報源になるのではないかとも感じています。

最後に、本書を執筆する機会をいただいた黒林檎氏、株式会社データハウスの矢崎氏に深く感謝いたします。

また、執筆にあたり多数のアウトプット情報なども参考にしました、インターネット上の有益な情報に深く感謝します。

2022年8月　著者　村島正浩

【著者紹介】

村島正浩（ムラシマ マサヒロ）

　セキュリティベンダに在籍、主に社内ネットワークを対象にしたペネトレーションテストを担当。

　趣味は株式取引、後は依頼があれば執筆活動も行うが癖が強いため編集泣かせの異名を持つ。

執筆経歴

・ハッカーの技術書
・ハッカーの学校 IoTハッキングの教科書
・ハッカーの学校　ハッキング実験室
※その他オンラインメディアへの寄稿など多数

主要連絡先

Twitter：@r00tapple
Facebook：村島 正浩
Mail：packr@packr.org

ホワイトハッカーの学校

2022年 9 月23日　　初版第 1 刷発行

著　者	村島正浩
編　者	矢崎雅之
発行者	鵜野義嗣
発行所	株式会社データハウス
	〒160-0023　東京都新宿区西新宿4-13-14
	TEL 03-5334-7555（代表）
	HP http://www.data-house.info/
印刷所	三協企画印刷
製本所	難波製本

ISBN978-4-7817-0253-7　C3504